배우들도 배우는

특별한
스피치 수업

배우들도 배우는

특별한
스피치 수업

국내 1호 표현력 전문가의 자존감을 올리는 스피치

오창균 지음

SPECIAL SPEECH CLASS

Booksgo

우리는 자신의 무대를
살아가는 배우이다

많은 고민을 했다. 요즘처럼 스피치 책이 많은 시대에 또 스피치 책을 낸다는 것이 나만의 성취욕은 아닐까, 그렇고 그런 소리의 반복이 되는 것은 아닐까 하고 말이다.

더군다나 연기를 전공하고 스피치 수업과 연극 수업을 겸하고 있는 나로서는 연극 수업에 대한 책도 내고 싶었다. 그러다 다행히도 불과 며칠 만에 정리가 됐다.

이 책은 말하기와 목소리, 표현력에 대한 것을 다룰 것이며 때론 그것들과 연관된 정신, 마음의 내용들도 함께 다룰 것이다. 그것은 나의 생생한 경험들에 대한 이야기이다.

배우 지망생에서 스피치 강사로 활동하게 된 나의 과거와 현재 이야기 그리고 직장인, 전문직업인, 방송인, 영업인, 강사, 강사 준비자, 종교인, 학생, 취업준비생, 주부 등 각계각층 수백 명의 수강생들과 함께하며 변화한 이야기이다.

또한 스피치와 목소리 트레이닝에 도움이 될 만한 수업 내용과 배우 지망생들의 실질적 훈련법도 다룰 것이다. 누구라도 알아두면 좋을 배우들만의 무대 훈련법, 연기 훈련법들이 있기 때문이다. 그것은 기능과 기술이라는 실질적 기술인 동시에 우리의 정신, 마음과 연결된 것들이 종종 보일 것이다. 가지와 열매, 나뭇잎은 눈에 가장 먼저 띄는 부분이기에 중요해 보인다. 하지만 뿌리에 관심을 가지지 않으면 근본적이고 균형 잡힌 변화가 어렵다.

말하기, 목소리, 표정, 발성, 발음, 제스처, 구성법, 즉흥력 등의 가지이자 나뭇잎 같은 부분은 분명 우리의 추구함, 가치관, 마음가짐, 자세라는 뿌리와 따로 나눠서 생각할 수 없다. 이 책은 그 균형에 중심을 두고 흘러갈 것이다.

그렇다고 심오하거나 어렵지만은 않을 것이다. 스피치는 하나의 놀이가 되어야 한다. 생각과 정보, 콘텐츠 때론 마음을 전달하고 공유한다는 것은 매우 즐겁고 유익한 일임에도 불구하고, 한국 사회에서 '스피치'라는 단어는 대부분의 사람들을 긴장시키고 부담을 주는 경향이 있다. 여러 이유가 있겠지만, 사람들 앞에서 말을 하거나 자기 생각을 공유하는 것이 서로 위로하고 응원하기보다는 경직되고 경쟁하는 분위기이기 때문이다.

우리는 그렇게 스피치를 처음 접했다. 과제 발표, 사무적, 의무적인 목표로 평가나 경쟁을 위해 사람들이 바라보는 긴장된 가운데에서, 많은 경험이 없는 사람이 어찌 스피치를 유연하고 당당하게 할 수 있겠는가? 이러한 위축된 경험과 기억이 쌓이다 보면 스피치의 목소리와 표정, 느낌은 굳어버리는 것이다.

유럽의 호날두, 메시 등의 선수들을 보면, 그들은 축구를 기계적이고 원칙에 얽매여 딱딱하게 경기하지 않는다. 팀이 있어야 승패가 있고 목표가 있기에 당연히 승리하고 싶겠지만 그 안에서 자기만의 즐김과 플레이 컬러로 그라운드를 누비는 것이다. 그 속에서 유연함과 창의성이 나온다. 스스로가 즐기니 보는 사람도 즐기는 것이다.

좋은 스피치, 멋진 스피치에 필요한 많은 것들을 배우고 익히고 노력하는 것은 중요한 일이다. 하지만 분명한 건 스피치로 놀아보고 즐겨봐야 하는 것이다. 쉽지 않은 일이지만 나 역시 즐기는 스피치를 알리고자 사람들을 만나고 소개해 왔다. 그리고 수강생이자 학생으로 만난 그들은 그 속에서 그 즐거움을 찾았다. 변화하고 스스로의 목표와 꿈을 이루기도 했다.

본문을 읽다보면 스피치라는 것이 삶의 즐거움이자 놀이와도 같다는 것을 알게 될 것이다. 그것은 스피치 불안증이나 부담증 해소에도 큰 도움이 될 것이다.

명강사들, 명배우들을 보라. 그들은 철저히 준비하고 확신하되 분명 자기 무대를 즐긴다. 마냥 즐긴다고 해결되는 것은 아니다. 무대에서 자신이 집중되는 가운데 자신의 말, 표현, 대사를 할 때 주체적이고 주도적이다. 남의 눈치와 환경에 함몰되지 않고 온전한 자신으로 존재한다. 그리고 사람(청중)들은 그 멋진 놀이에 집중하고 감흥과 감동을 느낀다. 그것의 중심이 바로 자존감이다.

누군가에게 잘 보이려 노력하거나 아등바등 하는데 급급한 것이 아닌, 자신의 삶과 존재를 소중히 여기고 아낄 줄 아는 마음에서 건강한 말하기와 표현이 시작되는 것이다.

감히 고상한 표현을 써보려 한다. 당신은 한 명의 배우이다. 좀 낯설고 어색하게 느껴질 수도 있고, 바로 이해하기 어려울 수도 있지만 당신은 인생이라는 무대의 소중한 배우이다. 우리는 삶의 무대, 직업의 무대, 일상을 살아가는 가장 주체적인 배우이다.

연극의 3대 요소는 희곡(대본), 배우(자신), 관객(청중)이다. 우리는 우리만의 분야와 배역을 가지고 우리가 전할 내용을 숙지하고, 각자의 무대나 일상에서 사람들을 만나고 대화하고 설득하며, 반응하고, 웃고 울고 때론 의미 없이 살아간다. 그것이 우리만의 공연이자 배우로서의 삶인 것이다.

영업사원은 자신의 배역에 맞게 옷을 입고 자신이 판매할 상품에 대한 내용을 공부하고 정리를 한다. 그리고 영업현장으로 나가 사람들을 만나 자신의 내용을 전달한다. 그때의 말과 목소리 전달이 모두 스피치이자 배역의 임무인 것이다.

취업 준비생이 자신의 배역에 맞게 옷을 입고 취업 서류와 면접을 준비한다. 그것은 오디션이자 공연 준비다. 그리고 면접관이나 회사

관계자에게 자신의 경험, 경력, 마음가짐을 전달한다.

다른 모든 직업도 배우로서 자신만의 무대를 위해 정보를 모으고 노력하고 준비한다. 그리고 그 속에서 나의 이야기를 얼마나 잘 전달하느냐에 따라 삶의 흐름이 달라지기도 한다.

다시 한 번 말하지만 우리는 누구나 배우이다. 그런 배우가 좋은 스피치와 표현력을 가지고 소통하는 목소리를 가진다는 것은 정말 중요한 경쟁력이자 무기이다.

다만 명확한 발음이나 쩌렁쩌렁한 발성, 누구나 이야기하는 천편일률적인 스피치를 강요하진 않는다. 스피치도 시대별 흐름이 있고, 트렌드라는 것이 있다. 큰소리로 주장을 이야기하는 1980년대의 '웅변형 스피치', 1990년대의 깔끔하고 정리된 느낌의 '아나운서 스피치' 그리고 지금까지의 흐름과 더불어 가장 각광받으며 인간미가 느껴지는 '소통형 휴머니즘 스피치'가 있다.

소통이 없고 인간미가 없는 스피치와 목소리는 이제 사람들에게 다가가기 어려운 시대가 되었다.

이 책에서는 앞서 말한 것처럼 당당하고 유연한 스피치의 훈련법, 내용 준비 방법뿐만 아니라 사람 냄새 나는 소통형 휴머니즘 스피치에 대한 부분도 함께 다루었다. 힐링과 소통의 시대를 살아가는 우리는 공감과 설득이라는 목표에 맞는 생각, 정보, 감성을 상대방에게 잘 전달하는 것이 중요하게 되었다. 그 능력을 가지기 위해 준비하고 노력하는 것도 중요하지만 배움과 훈련의 과정에서 스스로를 돌아본다면 스피치를 넘어 삶도 더욱 건강하고 풍요로울 수 있다.

　삶이 건강해지면 목소리도 건강해진다. 건강한 척, 당당한 척, 프로인 척 하는 것이 아니라 내면이 건강해지고 단단해지면 목소리도, 스피치도, 전달력도, 표현력도 또렷하고 탄탄해지는 것이다. 각자의 원리와 원칙들이 있겠지만 사람마다 다른 성향, 다른 성격이 있다. 타고난 태생과 환경이 있기에 같지만 다르게 또 다르지만 같은 적용이 가능할 것이다.

　당당하고 유연한 스피치, 자신의 무대에서 좋은 성과를 내고 즐겁게 살아가고 싶은 사람들에게 도움이 되길 바라는 소망으로 하나하나 이야기를 풀어내고자 한다. 이 글이 여러분의 스피치에 도움이 되고 표현력을 높이는 데 도움이 되길 바란다.

오창균

프롤로그
우리는 자신의 무대를 살아가는 배우이다

 1장 스피치는 마음의 거울이다

5장 진정으로 힘 있는 말하기와 연습

 에필로그
이제 삶의 무대와 스피치 무대에 당당히 오르자   ... 230

1장

스피치는
마음의
거울이다

제 말이
빠르다고요?
전 그렇게
생각 안 해요

○ 말의 속도와 느낌

여느 때와 다름없는 평범함 저녁시간, 일정을 마무리하려는 데 노크 소리가 들렸다.

'여기 스피치 수업 받을 수 있는 곳인가요?'

수업 문의를 하러 오신 40대 후반의 여성이었다. 직장동료의 소개로 찾아왔다는 그녀는 조금은 차가운 말투에 딱딱 끊는 듯한 냉정한 어미처리, 매우 정갈하게 차려입은 옷매무새 등이 깐깐하고 까칠한 성격이라는 것을 말해주고 있었다.

'사실 동의하지 않지만 최근에 주변에서 비슷한 말을 종종 들어요. 제가 말이 좀 빠르고 차가워 보인다고요. 저는 딱히 그렇게 생각하지 않지만 말이죠.'

이야기를 하다보면 대부분 자신이 좋아지고 싶은 부분을 솔직하게 얘기하거나 마음을 열고 자신이 원하는 것을 찾아간다. 그러나 간혹 자신의 진짜 마음을 이야기하지 않을 때가 있다. 스스로의 문제를 인정하지 않는 것이다.

그녀와의 짧은 대화에서 말이 빠르고 차갑다고 느낄 수 있는 부분은 충분했다. 다만 스스로 그것을 인정하느냐는 또 다른 문제이다.

스피치 수업은 일반적인 수업과는 조금 다르다. 본인이 원하는 변화를 위해 대화나 수업도 중요하지만 무엇보다 실습하고 코칭 받고 또 노력하는 단계가 필요하다.

40대 후반, 대기업의 부장이었던 그녀는 연말 성과 발표와 차기 아이디어에 대한 중요한 발표 스피치를 위해 찾아왔다고 했다. 그뿐이었다. 그녀 자신의 이야기는 하고 싶어 하지 않았다. 목소리는 차갑고 속도는 빨랐지만, 아직 코칭 받고 싶은 마음이 열리지 않은 것이다.

변화의 3단계인 인식, 인정, 수정의 단계 중 머리가 알고 이해하는 인식의 단계까지는 왔지만, 마음으로 받아들이는 인정의 단계에서 머뭇거리는 것이다.

일단 본인의 발표 내용을 먼저 실습했고 그 부분에 대한 피드백을 전달했다.

'지금 말의 속도가 평균 속도보다 빠릅니다. 음조, 음속, 음색, 음량, 음률이라는 다섯 가지 요소가 있는데요. 음조는 말의 어미 처리나 높낮이, 음속은 말하는 속도, 음색은 개인이 가진 특유의 목소리 컬러, 음량은 발성량, 음률은 말하는 전체적인 리듬감을 말합니다. 지금 가장 도드라지는 부분은 말의 속도가 빠르고, 음조가 건조하다는 것이죠. 그러다 보니 당연히 말에 리듬감이 없어지는 것이고요. 거기에 어미 처리 즉, 말하면서 말끝을 뚝뚝 짧게 끊어버리니 차갑게 느껴지는 것입니다.

우선, 본인이 스피치 한다는 생각을 내려놔 보세요. 말 잘 해야 하고 격식을 갖춰서 말해야 한다는 느낌을 잊어 버리세요. 나와 가장 친한 친구들이나 편안한 사람들과 이야기 한다고 생각하세요.

그리고 한 손의 손바닥을 하늘로 향하게 해서 앞으로 내 놓고 있다가 말하는 중간 중간 제가 손바닥에 살짝 손을 얹으면 그땐 멈추고 쉬는 신호다 생각하고 말을 잠시 멈추고 쉬는 겁니다. 다음 말하기까지 잠시 기다리는 거죠. 그렇게 말에 쉼표를 만들어 보시죠. 이게 익숙해지면 안정적인 속도를 가지게 되어 훨씬 편하고 자연스러울 겁니다.'

원래의 습관 때문에 말의 쉼이 어색하고 바로 적용되진 않았지만, 서서히 수업에 적극적인 마음을 비치며 조금씩 좋아지는 것을 느낄 수 있었다.

하지만 겉으로 쉬었다 멈췄다하는 이론적이고 형태적인 수업 이외에 뭔가 더 근본적인 안내가 필요함을 느꼈다. 분명 빠르고 급하고 차가운 데는 심리적인 이유가 있다고 느꼈기 때문이다. 그래서 한 가지를 더 요구했다.

'손에 들고 있는 원고를 내려놓고, 이곳을 조용하고 천천히 한 번 걸어 보시겠어요? 산책한다 생각하시고, 본인이 할 수 있는 한 가장 여유롭게 천천히 한 걸음 한 걸음 걸어보세요. 어려운 것이 아니니 한 번 시작해보시길 바랍니다.'

그녀는 한 걸음 한 걸음 천천히 여유롭게 걷는 것을 어려워했다. 천천히 걷고 여유롭게 걷는다는 것이 누군가에게는 매우 쉬운 일이지만 익숙지 않은 사람에겐 매우 어렵고 힘든 일이다. 뒤뚱뒤뚱 하거나 엉거주춤하며 균형을 잃기도 한다.

그렇게 한 10여 분간 천천히 걷다가 생각지도 못한 상황이 발생했다. 한참을 시도하던 그녀의 눈가가 촉촉해진 것이다. 잠시 정적이 흘

렀다. 그리고 그녀는 조심스레 이야기를 꺼냈다.

'왜 여유롭게 안 걸어질까 헤매다가 생각했어요. 이게 뭘까. 왜 잘 안될까. 그러다가 그냥 여러 생각이 나더라구요. 20년 전에 대학을 졸업하고 바로 입사했어요. 회사라는 조직이 위에서는 압박하고 유능한 후배들은 올라오고... 좋은 일도 있었지만 별의별 모진 시간들을 버티면서 지금까지 왔죠.

근데 그동안 못 챙긴 게 참 많다는 생각이 드네요. 일 한다고 가족 특히 아이들도 제대로 못 챙겼어요. 그런데 지금 이 순간 가장 못 챙겨 준 사람은 바로 제 자신이란 생각이 드네요. 좀 서글프기도 하고 억울한 것도 있고... 감정이 복잡하네요.'

'솔직하게 진심을 얘기해 주셔서 감사합니다. 지금 말씀하실 때는 목소리가 빠르지도, 날카롭지도 않네요. 이게 본인의 진짜 목소리이고 가장 좋은 스피치의 기본이 되는 겁니다. 뭔가를 지키기 위해서 혹은 불안해서 나오는 목소리로 포장된 스피치를 하면 다른 사람도 듣기 싫지만 스스로가 제일 힘들잖아요. 나를 지키기 위해 무거운 갑옷을 걸치거나 연기를 하며 사는데 그 목소리와 표정, 눈빛이 유연하고 건강할 리가 있겠습니까? 재미도 없고 말이죠.'

한 달의 시간이 지난 후 다시 만난 자리에서, 회사 브리핑도 좋은 성과를 냈고 평상시 대화나 말하기도 편해지고 부드러워졌다는 이야기를 들었다고 했다.

목소리와 스피치가 좋아지기 위해서는 분명 필요에 따라 호흡, 발성, 발음, 시선, 제스처, 내용 구성, 정리 등의 실질적인 기능과 준비 요소가 있다. 그렇다고 내용과 발성, 발음에 대한 코칭만 했다면 과연 변화가 있었을까? 사람마다 목적과 각자의 필요 부분이 다르겠지만, 스스로 자신의 진짜 마음을 만나고 그 마음을 이야기할 때, 자신의 진짜 목소리와 스피치는 변화하는 것이다.

말하기가 빠르고 여유가 없다면 어쩌면 일상과 삶에 여유가 없는 것일 지도 모른다. 앞으로 나가고 바쁘게 성과를 내야하는 마음을 차분히 하고, 진짜의 마음을 돌아보며 이야기 할 때 편안하고 진솔한 목소리, 나답고 따뜻한 목소리가 시작된다. 사회와 산업이 발전하고 세상이 바빠질 수록 우리에게는 그런 말과 목소리가 담긴 사람 냄새나는 휴머니즘 스피치가 필요한 이유이다.

스피치 불안증을 가진 회사원이 스피치 강사가 되기로 한 이유

○ 스피치 발표 불안증

스피치 불안증을 극복하기 위해 수업에 찾아온 40대 후반의 남성은 평범한 직장인이었다. 수업 참석은 열심히 하였지만 강사인 나를 포함해 함께 수업을 듣는 누구와도 눈을 잘 마주치지 않는 것이었다.

개인 스피치 발표 순서가 된 그는 나가기 전부터 불안하고 경직된 표정이었다. 몇 사람 되진 않았지만 막상 사람들 앞에 서니 불안함이 커진 것이다. 얼굴은 붉어지고 목소리는 불안했고 떨렸다. 준비한 스피치는 공감이나 전달력을 전혀 갖지 못했다.

그러나 끝까지 들어야 한다. 그 사람이 지금 스피치를 잘하건 못하건 떨리는 상황에서도 해보려고 하는 의지와 마음을 함께하며 지지하고 알아줘야 한다. 3분 정도 이어진 그의 스피치가 마무리되었다.

'잘하셨습니다. 그리고 감사합니다.'

스피치를 마친 그는 어리둥절한 표정이었다. 수업을 듣는 다른 사람들도 마찬가지였다. 그는 그 떨림 속에서 3분이라는 시간동안 포기하지 않고 자기 이야기를 마쳤다. 그의 용기와 마음에 박수를 보내고 싶었다. 사실 나도 예전에 비슷한 경험을 했고, 나에게 보내준 격려와 응원 덕분에 지금의 나로 변화할 수 있었다.

'사실 제가 이렇게 떨고 불안해하면서 발표하는 사람인지 전혀 몰랐어요. 그런데 한 2년 전 전체 직원들이 모인 자리에서 한마디 할 기회가 있었거든요. 연말 종무식을 하는 날이었는데, 저에게 갑자기 마이크가 온 거죠. 근데 갑자기 심장이 엄청 뛰는 거예요. 무슨 말을 하는지 모르겠고, 버벅거리는 모습을 바라보는 회사 사람들이나 부하직원들의 표정이... 아직도 생생해요. 그 전에는 사람들 앞에서 말할 기회가 그리 많지 않아서 못 느끼다가 그날 이후부터 스피치나 발표, 마이크 이런 말만 들어도 마음이 조마조마해지더라고요. 그래서 오기가 생겨서 극복하고 싶은 마음에 오게 됐습니다.'

그는 '외상 후 스트레스 증후군'이라고 하는 트라우마가 생긴 것이다. '자라 보고 놀란 가슴 솥뚜껑 보고 놀란다.'고 발표의 순간만 되면 무의식적으로 그때의 기억과 불안함이 나타나는 것이다.

나중에 알게 된 사실이지만, 그의 아버지는 엄하고 권위적이었다고 한다. 그래서 어렸을 적부터 자신의 의견이나 생각을 존중받기 보다는 감추기에 급급했고 아버지가 시키는 대로 해야 했으며 아버지의 뜻대로 하지 않으면 호되게 혼나면서 자랐다.

많은 사람들이 엄격한 집안 환경에서 자라 자신의 목소리와 스피치에 자신감이 없고 필요 이상의 눈치를 본다. 예의를 따지며 불필요한 눈치를 보며 자기 색깔이나 가치관이 옅어진 것이다. 결국 좋은 스피치와 목소리, 표현력은 힘들어진다.

'오늘부터 스피치가 아닌 본인의 일상에 대한 이야기를 마음 편하게 준비하세요. 그리고 수업을 받으러 오신 것이지만, 어떤 평가도 하지 않을 겁니다. 다시 한 번 말씀드리지만 오해는 없으시길 바랍니다. 필요한 부분을 계속 안내하긴 하겠지만 평가하지 않을 겁니다. 잘해서도 잘 못해서도 아닙니다. 그냥 이야기하러 오세요. 한 주 동안 속상했던 것, 좋았던 것, 생각, 기분 등 주제는 어떤 거라도 좋습니다. 수업이다 생각하지 마시고 놀러오세요. 그리고 떨리면 그냥 떠세요. 안떨려고 한다고 안 떨어집니까? 그냥 떠세요. 확실히 떨어 버리세요.'

이후 그의 스피치에 대한 좋은 점과 잘한 부분들만 이야기했다. 필요한 부분은 스스로 생각할 수 있는 가이드만 제시했다.

발표 불안 해소를 위해 지하철이나 사람들이 많은 곳에서 스피치를 시키고, 큰소리로 다짐하게 만들어 웅변을 하는 것도 필요할 때가 있다. 근본적으로 사람들 앞에서 말하고 이야기를 나누는 것이 편하고 즐거운 일이 되어야 한다.

결국 사람에 대한 막연함, 불신이나 불안의 원인을 알고, 잘 못하고 스스로 만족하지 못한 상황에서도 지지받는 시간을 가져야 한다. 나를 믿고 사람을 믿는 건강한 자존감이 있어야 한다. 사람은 평가받는 존재가 아니라 존중받고 즐겁게 어울리는 대상인 것이다.

'저, 저... 같은 사람도 스피치 강사를 할 수 있을까요?'

그간의 자유로운 스피치로 무대불안과 떨림은 놀라울 정도로 완화되었다. 또한 그 시간에 자신의 삶을 돌아보고 마음도 다스리면서 '스피치'에 흥미가 생긴 것이다. 자신의 결핍을 소망의 에너지로 만들어낸 것이다. 인생의 후반전에 대한 목표를 가지게 되었다. 해야 하고 공부할 것이 많지만 본인의 경험을 바탕으로 누군가에게 도움이 되는 삶을 살아보고 싶다는 마음이 생긴 것이다.

수업 시간에 가장 먼저 발표하며 가장 많이 질문하는 열정 넘치는 사람으로 변화한 그의 이야기와 경험들은 이미 재미와 감동이었다.

그는 현재 같은 고민과 개선의 목표를 가진 100여 명 이상의 회원을 보유한 '스피치 동호회'의 회장으로 활동 중이다. 그리고 차근차근 자신의 삶을 준비하고 있다.

스피치 정리 부족, 연습 부족이 이유가 되기도 하고, 어떤 트라우마로 발표 불안과 두려움을 가지기도 한다. 중요한 것은 발표 내용을 준비하고 정리하며 연습하는 것도 필요하지만, 그와 동시에 왜 불안하고 두려운지 차분히 마음을 알아주며 평가가 아닌 서로의 이야기를 나누는 즐거운 스피치로 자존감 회복의 시간이 필요하다. 나를 믿고 사람을 믿는 마음이 스피치 무대를 튼튼하고 건강하게 만들 것이다.

웃는 표정,
밝은 표현이
어려워요

○ 표정의 유연함

30대 초반의 여성. 회사의 마케팅을 담당하며 자신의 회사 상품을 고객사나 클라이언트들에게 소개하는 스피치를 주로 담당한다고 했다.

'스피치를 할 때 표정이 없다고 해요. 누군가 바라보는 자리에 나가면 뭔가 집중 받는 것 같은데, 긴장이 된다기 보단 제 감정을 나타내고 보이기 싫은 그런 느낌이 들어요. 특히 밝고 활기차야 하는 저희 회사 상품 브리핑을 할 때는 이 모든 것이 더더욱 어렵게 느껴져요.'

솔직히 말해서 어떤 회사든 즐겁고 재미있게 일하는 사람은 많지 않다. 열심히 하는 일에 좋지 않은 피드백과 부정적 스트레스를 연속적으로 받는다면 생각만 해도 얼굴이 찌푸려진다.

표정은 얼굴의 움직임이 아닌 마음 상태에서부터 시작된다. 또한 그런 마음 상태가 얼굴에 나타나 오랫동안 굳어진 것을 그 사람의 이미지(이미지Image는 마음 상태가 오랫동안 굳어진 것이란 의미를 가진 라틴어인 이마고Imago가 어원이다.)라고 부르기도 한다.

표정의 자유로움을 위해 처음 진행한 수업은 배우들의 '감정 표현 수업'이었다. 감정의 종류는 매우 다양하다.

일단 이 책을 계속 읽지 말고 잠시 글 읽는 것을 중단하자. 그리고 눈을 감고 생각해보자. 감정의 종류에 대해 생각해 보았는가?

여러 가지를 생각한 사람도 있을 것이고 몇 개 생각하지 못한 사람도 있을 것이다.

기쁨, 슬픔, 화남, 짜증, 행복, 분노, 호기심, 감사, 설렘, 희열, 질투, 연민, 두려움, 기대, 놀람, 충격, 당황, 자신감 등 다양한 감정이 있다. 좀 더 생각해보면 더 많은 감정들이 떠오를 것이다.

표정이 없고 딱딱한 사람은 이러한 감정 표현들이 언제부터인가 어색했을 것이다. 그러다 보니 표정을 사용하지 않게 되고, 사용하지 않다보니 결국 굳어버린 것이다. 그리고 정말 필요한 한 두 가지의 감정만 조금씩 사용하거나 아예 무미건조한 표정의 상태가 되어 버렸으리라.

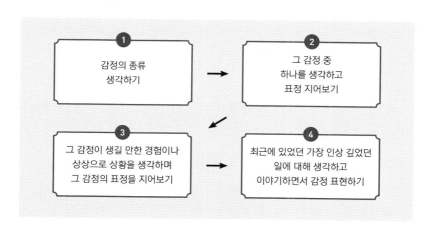

'감정 카드'라는 것이 있다. 앞에서 언급한 감정들의 훈련용 카드로 만든 것이다. 이 감정 카드를 보여주고 읽어 보라고 한다. 처음엔 그냥 읽는다. 다시 읽어볼 때는 그 감정 단어에 맞게 살짝이라도 감정을 표현해보면서 읽게 만든다.

예를 들어 '기쁨'은 기쁨의 표정과 호흡으로, '화남'은 화가 난 느낌과 감정으로, 나중에는 그 감정이 생길만한 상황을 상상하거나 경험을 떠올려 본다. 그리고 최근 느낀 가장 인상 깊었던 일과 그 때의 감정에 대해 말한다.

처음에는 어색하고 쉽지 않지만, 하다보면 자신이 주로 표현하는 감정과 비교적 어려워하는 감정이 나눠지기 시작한다.

어떤 사람은 기쁨, 행복, 사랑, 뿌듯함, 감사함 등에 익숙하지만 화남, 분노, 증오, 짜증 등의 감정 표현이 어렵다. 누군가는 그 반대일 수도 있다. 그리고 왜 그런 지에 대한, 말하자면 내가 어려워하는 감정 표현의 종류가 있다면 왜 어려운지, 그 감정 표현이 어려운 이유와 사연이 있는지를 찾아가게 한다.

그녀도 이런 감정 표현 수업에서 자신의 표정과 마주하고 그 이유를 알게 되었다.

학창시절, 활기차고 쾌활했던 그녀. 고등학교 회장선거에서 친한 친구와 경쟁을 하게 되었고 그녀가 당선이 되었다. 기쁨도 잠시 친했던 친구에게 미안한 마음에 위로를 건넸지만, 원래의 밝고 명랑한 성격과 목소리, 표현이 당사자인 친구뿐만 아니라 주변 친구들에게 오해를 만들고 미움을 사게 된 것이다. 결국 회장은 되었지만 왕따가 되었고, 그 후로 감정을 나타내거나 밝은 모습을 보이는 것에 대해 조심스럽고 두려워 진 것이다.

바로 이런 학창시절의 일이 그녀의 표정과 소극적인 감정 표현에
대한 근본적인 이유였다. 그녀는 이유를 알게 되면서 조금씩 극복해
나가려 노력하기 시작했다. 사건에 대해 직면하려는 용기만으로도 그
녀는 이미 대단한 힘을 냈다. 중요한 것은 그때의 자신에게 이렇게 말
해주는 것이었다.

'그때 친구와 사이가 멀어진 건 속상한 일이지만 그것은 네 잘못이
아니야. 그때의 일로 너의 표정을 잃고 살아간다는 것을 그 당시의 친
구를 잃는 것보다 더 속상하고 억울한 일이야.'

어렸고 그래서 잘 몰랐다. 회장선거라는 민감한 일이 겹쳐져 만들
어진 하나의 에피소드일 뿐이다. 이제 그 사건 앞으로 나와서 그때의
나에게, 그때의 친구들에게 미소 지으며 인사해 보자. 그때는 잘 몰랐
고 그럴 수밖에 없었다고 말이다. 사람과 표현에 대한 조심성은 필요
하겠지만 표정을 닫고 외면해 버릴 필요까지는 없다.

차근차근 이야기를 나누면서 쉽지 않은 시간들도 있었지만, 그녀의
표정은 조금씩 여유와 웃음을 찾기 시작했다. 과거는 바꿀 수 없지만
해석은 바꿀 수 있으며, 자책의 시점으로만 해석할 필요는 없다는 것
도 알게 되었다. 미안한 것에 대한 진심 어린 사과는 필요하지만 미안
함만으로 사건을 모두 포장해 버리는 것은 옳지 않다.

지금부터 즐거움을 이야기하자. 삶에서 고마웠던 일, 즐거웠던 일,
행복했던 일들을 찾아보는 것이다. 그것을 생각하고 말하자. 생각보

다 많은 이야기들이 내 안에서 기다리고 있을 것이다. 그러면서 우리의 표정은 다시 밝아질 것이다. 아니, 찾게 될 것이다.

지금 일하는 회사에서 어떤 생각으로 말하고 발표하는지도 돌아보자. 일이라는 것은 힘들고 짜증날 수도 있고 이를 악물고 버텨야 할 때도 있다. 하지만 내가 선택한 회사와 일에 대한 애정, 비전과 자부심이 있다면 내면의 밝음과 에너지도 함께 시작된다.

표정은 마음의 상태를 나타내는 거울이다. 웃는 얼굴 연습, 입 꼬리 올리기 연습이 필요할 때도 있지만 감정 표현에 대한 내 마음의 방향이 어디를 향해 있는지, 어떻게 생각하고 있는지에 대한 돌아봄이 필요하다. 마음이 건강해야 표정도 건강해질 수 있다. 또한 내가 하고 있는 일과 애정과 소망을 가질 때 좋은 목소리와 스피치도 할 수 있다.

재미있게
말하는 법이
궁금해요

o 흥미로운 스피치의 시작

'같은 말을 해도 재미있게 하는 사람이 있잖아요? 어떤 사람들은 별것 아닌 이야기도 재미있고 의미 있게 만드는 기술이 있는 것 같아요. 저는 재미있게 말하는 게 참 어려워요. 그 부분만 되면 경쟁력을 갖출 수 있을 것 같은데 말이죠.'

강사로 활동을 시작한지 5년 정도된 30대 후반의 그는, 사내강사로 서비스 교육은 물론 회사에 필요한 다양한 교육 콘텐츠를 강의하는 사람이었다. 강의 콘텐츠와 내용에 대해서는 어느 정도 자신이 있었지만, 이야기를 전할 때 좀 더 흥미 있고 재미있게 말하는 법을 알고 싶어 했다.

사실 이 부분은 스피치 불안증과 함께 많은 사람들이 궁금해 하는 대표적인 고민 중 하나다. 내용을 준비하고 정리하는 것뿐만 아니라 핵심적인 부분이지만 그 내용을 사람들에게 흥미롭고 재미있게 전달한다면, 앞으로 상당한 경쟁력이 될 수 있는 부분이기 때문이다.

그는 프레젠테이션 자료와 프린트 자료를 포함해 정성들여 준비한 강의 시연을 했다. 무난하고 담백하게 시작된 강의 스피치는 사실 그렇게 나쁘지 않았다. 그러나 중반부로 갈수록 본인의 우려가 현실로 나타났다. 점점 지루하고 집중력이 떨어졌다.

스탠다드하고 깔끔한 진행은 기본적으로 좋았지만 그 스탠다드가 장시간 이어지니 지루해졌다. 다양한 곳에서 의미 있고 좋은 내용을 모아서 나열만 하다 보니 강의 자체가 뻔해지고 전형적인 교육을 받고 있다는 느낌이 들었다.

'재미'라는 말의 뜻부터 이해할 필요가 있다. 재미는 본래 자미(滋味)라는 말에서 비롯되었다. 불릴 '자', 맛 '미'를 써서 맛이 불어나다는 의미를 가지고 있다. 무언가에서 맛을 느끼고 그것이 이어질 때 사람들은 계속 관심을 가진다. 그것을 '집중'이라고 한다. 재미라는 것은 단순히 '웃기다', '흥미롭다'를 넘어 무언가에 집중하고 지속될 때 재미를 느낀다는 것이다.

강의 스피치를 한다는 것은 일종의 팽이 돌리기와 같다. 처음 돌리기 시작한 팽이가 죽지 않고 계속 돌 수 있도록 '집중'이라는 팽이채로 계속 팽이를 쳐서 돌려야 한다.

그럼 팽이채는 무엇일까? 청중은 관심 있는 것, 필요한 것, 새로운 것을 들을 때 집중하며, 득이 된다고 생각될 때 집중한다. 내가 좋다고 생각하면서 청중들이 목말라하고 원하는 내용이 무엇인지 고민해봐야 한다. 누군가에게 선물을 할 때도 내가 주고 싶은 선물보다 상대방이 받고 싶은 선물을 줄 때 고마움과 즐거움이 배가 되는 것이다.

그는 이 이야기를 듣고 사원들에게 5년 만에 처음으로 설문지를 나눠줬다고 한다. 사내강의 시간에 다뤘으면 하는 내용이나 듣고 싶은 분야와 장르에 대해서 그리고 사원들의 연령과 성별 관심사를 파악하며 듣는 사람들을 먼저 생각하게 되었다. 결과는 상당히 만족스러웠다.

여기서 중요한 것은 스스로도 즐거웠다는 것이다. 스스로가 재미있고 흥미로워야 말과 목소리, 눈빛에 재미와 흥미가 묻어나기 때문이다.

그리고 나서 구성의 재미를 생각한다. 스피치는 마블링과 같다. 공부도 되고 의미와 깊이 있는 내용도 다루어야 한다. 어떤 사람들은 엄선된 핵심 내용만 다루는 것이 좋다고 할 수도 있다. 하지만 팍팍한 살코기만 있는 고기를 계속 먹다보면 목이 막히듯 스피치도 마찬가지이다. 살코기 사이의 적당한 지방질이 고기맛을 더하듯 이야기 사이에 짤막한 유머나 애드리브, 적절한 에피소드를 함께 다룬다면 내용전달과 청중의 집중력을 올릴 수 있다.

예를 들어 '소통'을 주제로 강의를 하는데 직원들에게 필요한 내용을 전달하고 소통이 잘 되지 않았던 에피소드나 삶에서 겪었던 일상의 소소한 이야기들을 곁들인다면 효과적으로 주제를 전달할수 있다.

그는 소통이 어려웠던 대상은 누구인지, 사회생활, 직장생활, 일상을 살아가면서 말이 통하지 않거나 다툼이 있었던 때는 언제였는지, 부모님과의 관계, 친구들과의 관계, 나중에는 자신과의 관계에 대해 조심스레 이야기를 시작했다.

'저는 강의를 위한 재미에만 집착했던 것 같아요. 재미 자체도 머리로만 공부하고 연습했던 것 같아요. 강의를 위해 사람들의 관심사에 더 깊게 관심을 가지고 들여다 보는 노력을 해야겠어요. 또 재미라는 이론 공부가 아닌 제 스스로가 재미있고 즐거워하는 지점을 찾아야 하는데 그러질 못했던 것 같아요.'

스스로의 문제를 인지하면서 그는 수많은 사람들의 스피치를 들었다. 그들의 공통점은 일상의 인상적이었던 이야기들을 하면서 상황과 감정에 집중하며 자연스럽고 다양하게 표현한다는 것이다. 자신만의 재미를 가지고 자신만의 매력을 만나는 것이다.

친분이 있거나 마음이 통하는 사람과 속 얘기를 나누며 수다를 떨 때는 대부분의 사람들은 이야기꾼이 된다. 스피치 자리에서도 '공식 수다' 즉 많은 사람들 앞에서 하는 수다를 체험할 때 상황에 맞는 호흡의 길이 보일 것이다.

어떤 무대에서도 자연스럽고 재미있는 스피치를 할 수 있게 된다. 무엇보다 스피치의 재미를 추구하기 전에 삶을 재미있게 살자. 앞에서 이야기한 재미의 뜻을 생각하며 자기가 하는 일, 주어진 삶, 자신의 시간들을 맛있게 살아가자. 결국 그 재미가 나의 무대와 일상에서 드러나는 것이다.

최근 나에게 가장 인상 깊었던 일은 무언인가? 내 삶의 변화가 있었던 때는 언제이며, 어떤 변화를 겪었는가?

재미는 이미 당신 안에서 나오길 기다리고 있을지도 모른다.

스피치에 있어서 재미는 원색적 웃음이나 퍼포먼스가 아닌 사람(청중)에 대한 진심 어린 관심에서 출발한다. 이러한 관심은 집중할 만한 좋은 내용의 토대가 되는 것이다. 또한 주제와 관련된 에피소드를 소개할 때 기분이나 느낌을 구체적으로 이야기하는 표현력을 더한다면, 그 사람만의 매력 있고 재미있는 이야기가 시작되는 것이다.

흥미로운 말하기

흥미로운 말하기는 사건이나 에피소드와 핵심 주제(메시지)로 되어 있다. 이 두 가지만 기억하고 스피치를 할 때 사용한다면 훨씬 재미있고 의미 있는 스피치를 할 수 있다.

● 오프닝

스피치뿐만 아니라 살아가면서 우리는 새로운 것을 시도할 때 늘 설렘과 두려움이 함께 합니다. 그러고 보면, 설렘과 두려움, 새로움과 막연함은 한 끗 차이인 듯합니다. 둘 다 떨리는 것들인데 어떻게 조절하고 느끼냐에 따라 우리의 무대와 삶은 달라질 수 있죠, 새로운 무대를 몇 안 남겨놓은 여러분들의 두려움과 막연함을 설렘과 새로움으로 만들 이야기를 들려드릴까 합니다.

● 메인 에피소드

여러분 놀이기구 좋아하세요? 저는 개인적으로 놀이기구를 별로 좋아하지 않았습니다. 열차 종류나 위험하다 싶은 것들은 아주 싫어했죠. 고등학교 2학년 때 처음 E랜드라는 곳에 갔는데, 함께 간 친구들이 그때 새로 생긴 '독수리 요새'라는 어마 무시한 놀이기구를 타자는 거예요. 당연히 타기 싫었죠. 그러나 분위기상 함께 할 수밖에 없었습니다. 그런데 더 싫었던 것은 그 무서운 놀이기구를 타면서 1시간을 기다리는 거였습니다. 타는 것보다 기다리는 동안의 그 공포는 엄청난 피로와 짜증을 만들더라구요. 드디어 우리 차례가 됐고, 의자에 앉았습니다. 안전벨트가 내려오고 조정하시는 분의 나지막한 목소리 '출발합니다.' 그리고 축축축축축... 바닥에는 체인 소리가 나고 하늘을 향해 서서히 올라갈 때 '스톱~!'이라고 외치고만 싶었습니다. 궁금하지도 않은 30m, 60m, 80m 라고 적힌 팻말은 왜 있는 건지. 정상에 도착하고 서서히 속도를 받아 강한 속도로 떨어졌습니다. 그때부터는 소리만 빽빽 질러댔는데 금방 시간이 지나가버렸죠. 생각보다 길지 않은 그 시간이 지나고 다시 출발했던 제자리고 돌아왔습니다. 그리고 내려서 처음으로 한 말은 '생각보다 안 무섭네. 한 번 더 탈까?' 였죠.

● 메시지 마무리

생각해보면 시간은 금방 지나가는데, 기다리고 떨어지기 위해 올라가는 것이 더 불안하고 두렵죠. 하지만 막상 끝나면 '생각보다 별로 안 무서운데? 한 번 더?' 라고 말할 수 있는 용기가 생깁니다.

나는, 우리는 생각보다 강합니다. 아직 만나보지 않았고 경험하지 않았기에 막연할 뿐, 충분히 해내고 더 하려고 하는 힘이 있는 것이죠. 자신을 믿으세요. 그리고 그 시간을 즐기시길 바랍니다.

불분명한 스피치는
불분명한 생각에서
시작된다

○ 명확한 발음과 목소리

목소리 훈련인 발성과 분명하지 않은 발음 교정이 필요하다는 20대 중반의 취준생과의 수업이 있었다. 굳이 스피치 실습을 하지 않고 대화만 잠시 나눴는데 분명하지 않은 발음과 기어들어가는 작은 목소리가 고민이 되겠다는 생각이 들었다.

작은 목소리와 어눌하고 불분명한 발음은 취준생으로 면접을 준비하거나 직장생활, 사회생활에서 좋지 않은 영향을 주기 마련이다.

발성과 발음은 스피치에 있어 전달력의 부분이고 지극히 기능적인 부분이기에 다른 여러 말보다는 직접 연습하는 실습이 가장 중요하다.

● 목소리를 위한 호흡 연습

바른 자세로 서서 두 발을 11자로 하고, 발뒤꿈치에서부터 오금, 골반 꼬리뼈 척추 하나하나를 인지하며 바로 세운다. 마지막 목을 지나 뒤통수와 정수리에서 누군가가 그 머리끝을 가볍게 당긴다고 생각하며 몸을 바로 한다. 어깨를 자신감 있게 펴고 연다. 이때 어깨에 힘이 너무 많이 들어가서 경직되거나 턱이 많이 들리지 않게 하며 시선은 정면을 바라본다. 목에는 과하게 힘이 들어가지 않도록 한다.

이제 오른손을 가슴에 대고 왼손의 엄지와 검지 사이에 배꼽이

자리하게 한다. 즉, 엄지를 뺀 네 손가락을 단전에 자리하게 한다. 이 손은 복식 호흡과 다른 호흡에 대한 센서 역할을 한다. 마음을 편안히 하고 호흡이 차분해지면 코를 사용하는데, 이때 코는 숨이 들어오는 입구이며 거기서부터 명치까지가 입구라고 생각한다.

이어서 배 옆구리 허리까지 동그랗게 풍선 같은 튜브가 있다고 생각하고 속으로 하나부터 다섯까지 평균 속도(하나에 1초)로 세며 숨을 채운다. 중간에 끊임없이 이어서 들이마시는 것이다. 이때 처음 흉부와 단전에 올려두었던 손으로 내 몸 쓰임을 감지하는데, 호흡 연습을 할 때는 들이마시며 복부, 옆구리, 허리의 튜브에 공기를 채운다고 생각한다.

그렇게 다섯까지 들이마시고 잠시(3~4초간) 멈췄다가 내 쉴 때는 정면(5~10m 앞에)의 한 지점을 정해놓고 그 지점으로 '스~'하는 소리를 길게 내며 가능한 만큼 길게 숨과 '스~' 소리를 보낸다. 이렇게 3~5회 반복하면 회를 거듭할수록 조금씩 익숙해지며 기본적 호흡 훈련과 소리내기 단련이 된다.

들이마시며 왼손이 자리한 단전과 복부 부근이 아닌 오른손의 흉부에 반응이 온다면 가슴을 주로 쓰는 흉식 호흡이 진행되고 있는 것이다. 가슴에 주로 힘이 가고 소리의 중심이 위로 올라가는 흉식 호흡은 성대에 좋지 않으며 장시간 말하거나 전달하는 사람에게 목과 육체의 피로까지 축적되게 한다.

사람들이 흉식 호흡을 주로 쓰는 경우는 감정적 표현을 하거나 감정에 집중할 때다. 흉식 호흡과 더불어 목에 힘을 많이 주는 목소리를 낸다면, 성대라는 얇은 두 개의 막에 피로를 가중시키고, 무리가 되어 성대부종이나 성대결절 등의 원인이 될 수도 있다.

어깨에 힘이 많이 들어가는 견식 호흡도 주의하며 다시 한 번 호흡의 중심이 단전으로 올 수 있도록 한다. 그것은 목소리 사용을 위한 매우 중요한 기초이자 기준이 되기에 지루하고 재미없어도 제대로 꾸준히 잘 연습을 하도록 한다.

● 발성 연습

발성 연습은 앞서 진행한 호흡 연습과 동일한 방법으로 하되 내쉴 때 호흡과 함께 보내는 '스~'가 아닌 '아~' 라는 음절로 소리를 낸다. 목소리 크기는 가장 편안한 상태의 크기부터 시작해서 그것보다 조금 더 큰 소리, 나중엔 최대한 큰소리로 내본다. 진행 중에 목이 간지럽거나 기침이 나올려고 하면 목소리의 크기를 조금씩 낮추고 다시 한 번 소리의 중심은 단전(복부)이라 생각하고 집중하며 소리를 보낸다.

이때 잘하고 못하고를 판단하거나 눈치 보지 말고 편한 상태로 자신 있게 하는 것이 중요하다. 미지근한 물을 마시며 목에 수분을 공급해 주는 것도 좋다.

발성 연습에 좀 더 집중하고 싶다면 바로 선 상태에서 한 쪽

무릎을 골반 부근까지 올리고 누군가가 그 무릎을 밑으로 내려
가게 살짝 힘을 가해준다. 만약 혼자 연습한다면 무릎을 들고 그
위에 조금 두꺼운 책을 하나 올려놔도 좋다. 연습하는 사람은
'아~' 소리를 낼 때 들고 있는 무릎이 내려가지 않도록 노력하
며 소리를 낸다. 2~3줄 가량의 문장을 읽으며 연습해도 좋다.

목소리는 목이라는 최종 통로를 거치지만 이와 같은 훈련을 하
면 목소리를 받쳐주는 하체와 단전에 힘을 주고 집중하게 만들
어 힘 있는 소리를 낼 수 있게 해준다.

● 발음 연습

다음은 발음이다. 발음은 혀, 턱, 치아라는 기관을 통해 최종적
으로 형성된다. 보통 발음에 문제가 있다고 하면 혀, 턱, 치아에
문제가 있을 수 있다. 먼저 혀, 턱, 치아의 문제가 없는지를 진단
받고 시작한다. 그리고 다음의 문장을 읽고 연습을 한다.

빠르고 바쁘게 할 것 없이 천천히 하면 된다. 소리는 발성 연습때
처럼 앞으로 보낸다 생각하고 또렷하게 내려고 노력하는 것이 중요
하다. 우선 눈으로 읽고 이어서 소리 내서 읽어보자.

· 신진 상송 가수의 신춘 상송 쇼우

· 서울특별시 특허허가과 허가과장 허과장

- 상표 붙인 큰 깡통은 깐 깡통인가? 안 깐 깡통인가?

- 저기 저 뜀틀이 내가 뛸 뜀틀인가? 내가 안 뛸 뜀틀인가?

- 한영 양장점 옆에 한양 양장점, 한양 양장점 옆에 한영 양장점

- 앞집 팥죽은 붉은 팥 풋팥죽이고, 뒷집 콩죽은 햇콩 단콩 콩죽이고, 우리 집 깨죽은 검은깨 깨죽인데, 사람들은 햇콩 단콩 콩죽 깨죽 죽 먹기를 싫어하더라.

- 챠프포토트킨과 치스챠코프트는 라흐마니노프의 피아노 콘체르토 의 선율이 흐르는 영화 파워트웨이트를 보면서 켄터키 후라이드 치 킨, 포테이토칩 파파야 등을 포식하였다.

- 얄리 얄리 얄라셩 얄라리 얄리 에헤야 얼라리야 열라리 난다. 에헤 야 가시리 가시리 잇고 바라고 가시리 잇고, 날러는 엇디 살리라고 바리고 가시리 잇고. 갑샤와 두어라 만나단 션하면 아니올새라. 셜 온님 보내옵나니 가시난닷 됴셔 오셔서

① '아' 모양으로 입을 크게 벌려 턱이 이완될 수 있도록 한다.
② 혀를 입 안에서 앞니 앞쪽으로 하여 시계 방향으로 크게 원 을 그리듯 다섯 바퀴를 돌린다.

③ 다시 반대 방향으로 다섯 번 돌린다. 평소 혀나 혀와 연결돼 근육이 뭉쳐있을수록 약간의 통증이 있을 수 있으나 천천히 꾸준히 반복하면 나아지는 것을 느낄 수 있다.

④ 발음을 좀 더 또렷하게 하고 싶다면 앞 치아 끝에 종이를 물고 처음부터 끝까지 읽어본 뒤 다시 읽어 보자. 앞니에 종이를 물고 발음하는 것은 혀, 턱, 치아의 발음 만들기(조음) 활동에 의도적 장애를 주어 종이를 물고 연습하다가 종이를 빼서 발음하면 발음이 명확해지는 것을 볼 수 있다.

⑤ 이것은 연습이다. 발음 연습을 할 때는 평소보다 좀 더 과장된 연습으로 보다 또렷하게 발음 관련 기관과 요소들을 풀어주자.

호흡, 발성, 발음 연습이 필요하다면 앞의 내용대로 연습하면 좋아지는 것을 느낄 수 있다.

수업에서 만난 그는 앞의 내용을 반복적으로 연습했다. 그러나 연습의 결과는 더뎠다. 우리의 발성과 발음은 기능적 훈련이 분명 필요하지만 의식이나 생각에 영향을 많이 받는다. 세계적 보이스 트레이너인 '크리스틴 링클레이터'는 다음과 같이 말했다.

'불분명한 발음은 불분명한 의식에서 시작된다.'

그 사람의 생각이 분명하지 않고 목표성이 또렷하지 않으면 목소리도 발음도 흐지부지되거나 힘없이 나올 확률이 높은 것이다.

'혹시 지금까지 몇 번의 면접을 봤어요?'

'세 번 정도요.'

'어떤 분야의 어떤 회사에 지원했나요?'

그렇게 이어진 이야기에서 발견한 것은 어떤 부분은 대략적으로 원하고 있지만 어떤 부분은 정리가 되지 않거나 의지가 거의 없었다. 세 번이면 세 번 봤다고 하면 되는데 '세 번 정도요.'라는 표현에 그 실마리가 있는 것이다.

모든 생각을 또렷이 할 수 있냐는 반문을 가질 수 있는데, 힘없는 발성과 발음을 가진 사람일수록 평소에도 자신의 생각, 원하는 것을 분명히 하라는 얘기를 하고 싶다. 그러나 그는 이러한 내용을 조금 어려워한 게 사실이다. 처음에는 쉽게 이해가 가지 않는 말이었고 실제로 적용하는 것에 어려움을 느꼈던 것이다.

그는 부모님 말씀을 잘 듣는 착한 사람으로 자라면서 자신이 추구하는 것보다는 부모님의 기대에 부응하기 위한 학창시절을 보냈다. 취업을 앞둔 지금도 누군가의 기대에 부응하려는 마음 때문에 자신의 주관과 생각은 늘 뒷전이 된 것이다.

보이스(Voice)라는 말의 근간이 되는 단어는 보케이션(Vocation)으로 천직 또는 사명을 뜻하는 말에서 비롯되었다. 일반적으로 자신이 원하는 것이 또렷하고 가슴 뛰는 삶을 살 때 그 사람만의 힘 있는 목소리도 함께 나올 수 있다.

차근차근 처음부터 다시 시작했다. 어떤 색을 좋아하는지, 어떤 음식을 좋아하는지, 진짜 하고 싶은 것은 무엇인지, 왜 그걸 하고 싶은지, 하나 밖에 없는 삶에서 꼭 이루고 싶은 것은 무엇인지, 무엇에 화가 나고 무엇을 가장 즐거워하며 좋아하는지 말이다.

쉽지 않은 시간이었지만 자신을 찾는 것에 집중하며 그가 원하는 분야도, 자신의 목소리도 찾을 수 있었다. 삶의 주체가 되고 튼튼한 생각과 자신을 찾음으로써 발성과 발음의 문제를 뛰어넘은 것이다.

자신의 바로 선 생각 위에 기능적 훈련도 의미 있는 것이다. 우리는 한 명 한 명의 소중하고 고귀한 인격체다. 발음 연습, 발성 연습이라는 표면적 트레이닝으로만 목소리와 발음을 교정하기엔 입체적이고 매우 정교한 존재이다.

발성과 발음은 두 가지의 균형 있는 접근이 필요하다. 호흡, 발성, 발음이라는 기능적 요소와 또렷하고 분명한 의식과 자신감 있는 정신력이다. 심지어 문장 읽기를 할 때도 그 문장을 분명히 잘 전달하겠다는 의식과 의지를 가져야 한다. 나에게 필요한 것이 발성, 발음 향상을 위한 기능 훈련인지 아니면 의식과 생각을 바로 세우는 것인지를 분명히 알아야 한다. 무엇이 필요한지를 바로 아는 것이 건강하고 올바른 변화의 시작이다.

스피치
수업에서
자존감을
찾다

'거기, 학원이에유?'

충청도 사투리를 쓰시는 한 여성의 전화였다.

'네 맞습니다.'

'거기서 그, 목소리랑 스피치 수업을 좀 받을 수 있나 해서유.'

'네, 그럼요. 원하시면 참여하고 또 코칭도 받으실 수 있습니다.'

'그런데 저, 저 같은 사람이 가서 수업을 받아도 되나 모르겠어유. 사실... 가고는 싶은데 제가 나이가 50이 넘고 여기가 또 충청도쪽 지방이고 제가 가방끈도 짧아서유. 그런데 가면 방해나 되지 않을까 해서유. 그런데는 다 대단한 사람들이 오는 거잖아유.'

걱정과 고민 섞인 목소리였지만 이렇게 이야기하는 이유가 분명 있을 것이다. 오랜 설득 끝에 수업에 참여하기로 하였다.

드디어 그녀가 참여하는 첫 수업이 있는 날, 다른 분들은 모두 참석했는데 그녀가 보이지 않았다. 급한 마음에 전화를 걸었는데, 강의장 복도에서 벨소리가 울렸다. 그녀는 강의장에 도착해서 들어오지 못하고 복도에 서 있었던 것이다. 당황스러웠지만 그녀를 참석시키고 수업을 시작했다. 수업 초반이다 보니 자신을 소개하는 시간을 가졌다. 드디어 그녀의 차례가 됐다.

'저는 충청도 쪽에서 왔고요. 이름은 ○○○예유. 나이는 이제 쉰 중반을 넘었고 하는 일은...'

상담을 할 때도 직업을 이야기하지 않았다. 어색함과 어려움을 감수하고 수업에 참여하는 이유가 궁금했다.

'제가 하는 일은 국민 건강을 위해서 이바지하면서 살고 있어유.'

'혹시 구체적으로 직업을 말씀해 주실 수 있을까요? 어려우시면 말씀 안하셔도 됩니다.'

라고 말했더니 바로 이야기를 했다.

'야쿠르트 배달해유~'

이때부터 딴사람인가 싶을 정도로 목소리가 확연히 달라졌다.

'그 야쿠르트라는 게유, 약은 아니지만 일상생활에서 몸을 위해서 챙겨먹는 거거든유. 근데 사람들이 바쁘게 살다보면 챙겨먹기가 엄청 어려워유. 그런데 제가 이 일을 20년 넘게 우리 지역 사람들을 위해서 아주 성실하고 꾸준하게 하고 있으니 그게 국민 건강을 위해서 이바지하는 거지유.'

이해가 갈 듯 말 듯한 이야기였지만 중요한 것은 그녀의 일에 대한 자부심이었다. 그런 그녀가 수업에 찾아온 이유는 더더욱 인상적이었다. 20년 넘게 일을 하면서 남편과의 사별부터 자녀들의 건강악화로 힘든 시간을 겪었다. 그러다 본인의 마음과 몸에도 문제가 생겼다고 한다. 그러나 결국 다시 힘을 내어 소소하지만 소중한 일인 야쿠르트 배달을 하며 즐거운 삶을 살게 된 그녀의 이야기를, 특강으로 해달라는 회사측의 요청 때문이었다.

이후 그녀를 위해 한 일은 그녀가 살아가면서 있었던 일들을 차근차근 들어주는 것이었다. 혹시 이야기가 길어진다 싶으면 조금 요약해 주는 정도였다. 그녀의 삶, 그 자체가 이미 감동이며 드라마였기 때문이다.

약간의 부끄러움과 조심스러운 말투는 오히려 그녀의 매력이었고, 사투리 역시 훌륭한 그녀만의 색깔이었다. 그러면서 일과 삶에 대한 이야기 속에 묻어나는 특유의 확신과 자신감은 단순하게 해석할 수 없는 한편의 잘 만들어진 공연과도 같았다.

확신과 자존감.

나 역시 배우를 꿈꾸다가 지금의 일을 시작하게 되었을 때는 많이 힘들었다. 하고 싶지만 일에 대한 확신은 없고, 경험이 없다 보니 불안한 마음도 보였으리라.

부산 변두리 출신에 공업고등학교를 나오고 지방 전문대 출신이라는 허울 때문에 눈치보며 주눅이 들어 살아가던 때가 있었다. 20대를 대부분 그렇게 보냈다고 해도 과언이 아니다. 또한 나의 외모가 마음에 들지 않는다며 비관하며 나답지 못한 삶을 살았다.

그때 지금의 나를 있게끔 도와주신 선생님을 만났다.

'네 열등감과 콤플렉스 때문에 참 마음고생 많았겠다. 그런데 말이야 매우 놀라운 사실은 네가 가지고 있는 열등감과 콤플렉스에 대해 다른 사람들은 별 관심이 없어. 지금부터 네가 왜 강사를 하고 싶은지 사람들에게 무엇을 얘기하고 싶은지 그 이야기에 집중하고 확신을 가져야 해.'

이 말을 계기로 내 삶과 무대는 바뀌었다. 자신의 일에 확신을 가지고 있는 야쿠르트 여사님을 보면서 그동안의 삶을 돌아보는 시간을 가졌다.

비록 지금의 일이 생계를 위한 일이긴 하지만 내가 가진 '좋은 것'을 함께 나누고 있다는 확신은 있다. 목소리가 크고 우렁찬 것도 좋지만, 진짜 잘 들리는 말은 확신과 애정, 자부심이 있는 목소리에서 시작된다.

그녀처럼 사투리를 쓰더라도 학력이 조금 부족하더라도 자신의 일과 삶을 소중하게 여기고 아끼는 마음이 있다면 어떤 스피치보다 힘 있는 스피치가 될 것이다.

그녀는 지금도 현장에서 열심히 자신의 일을 하고 있다. 또한 본인 회사의 새내기 직원들이나 문화센터 등에서 자신의 삶을 이야기하고 나누며 살아가고 있다.

때론 눈에 보이는 조건과 스펙들이 필요할 때가 있다. 그것은 자신감이 되기도 한다. 그러나 내 삶의 당당한 목소리와 매력적인 나를 만나기 위해서는 자존심을 넘어 건강한 자존감이 먼저라는 것을 잊지 말자.

혹시 내가 갖추지 못했거나 원하는 만큼의 조건과 스펙이 아니라서 남들이 나를 어떻게 생각할지 신경 쓰고 눈치 보는가? 다른 사람들은 당신의 열등감과 콤플렉스에 별로 관심이 없다. 문제는 그것에 연연하는 당신이다. 당신의 지금 모습 그대로 소중하다. 소소하고 작은 일이라도 그것의 가치와 애정, 확신을 가질 때 당당하고 건강한 목소리와 스피치가 시작되는 것이다.

말을
잘 하려고 하지 말고
잘 할 수 있는
말부터 시작하다

말을 멋있게 하고 싶다는 소망과 같은 말이라도 좀 더 감동적으로 하고 싶다는 그 청년은 수업 시간에 늘 먼저 손들고 발표하는 열정과 자신감이 있었다. 목소리도 나쁘지 않았고 언제나 성실히 준비하고 노력하는 모습이 모범이 되었다.

　사실 그 정도도 충분하였지만 아쉬운 점이 있었다. 그의 준비와 노력에 비해 진정성과 자연스러움이 떨어지는 것이었다. 준비한 원고를 외우고, 공식을 잘 지킨 느낌은 주지만 인간적인 매력과 감동을 주지 못하는 스피치를 했다. 오직 말을 잘 하려는 목표 때문에 자신의 진짜 이야기보다 다른 사람들을 관찰하고 따라하며 나이보다 무겁고 거창한 주제를 던지는 것이 문제였다.

　나이라는 잣대로 편을 가르거나 세대를 나누자는 것이 아니다. 단지 나이에 맞는 느낌과 주제를 선택하고 이야기하는 것이 가장 자연스럽고 말을 잘 할 수 있는 첫 걸음인데, 그는 '삶의 의미에 관하여'라든지 비유법이나 수사학에서나 다루는 거창한 것들을 시도하며 열심히는 하지만 듣는 사람들이 부담스러움을 느끼게 만드는 것이었다.

　'세상 모든 운동에는 대표적인 두 포인트가 있어요. 바로 바른 자세와 불필요한 힘을 빼는 것이죠. 당신은 자세는 좋은데 잘 하려는 욕심이 앞서 힘이 너무 많이 들어가 있어요. 조금 다른 이야기지만 여자친구와 데이트를 한다고 해봅시다. 여자친구를 위해 데이트 코스를 준비했지만 여자친구와 함께하는 시간의 소중함보다 데이트 코스 자체에만 집착한다던지, 여자친구의 반응만 살피다가는 결코 좋은 데이트가 될 수 없을 거예요. 좋은 마음, 좋은 자세로 준비했다면 설사 데이트 코스가 생각대로 안 되더라도, 여자친구의 반응이 기대보다 덜 하더라도 데이트를 즐겁게 즐기는 게 필요하겠죠.'

그래서 처음부터 다시 시작했다. 본인의 마음과 일상, 과거의 사사로운 경험에서 출발하는 '잘 할 수 있는 스피치'를 해보는 것이었다. 먼저 스피치를 왜 잘하고 싶은지가 첫 번째 주제였다.

'잘 하면 일단 멋있고 인정받을 수 있고 대단해 보이잖아요. 말을 잘하려고 하는 것이 그런 이유 아닌가요?'

'좋아요. 그렇다면 왜 인정받고 싶고 대단해 보이고 싶죠?'

'네? 그래야 멋있고 좋은 거니까요.'

청년의 말처럼 누군가에게 잘 보이고 멋지게 보이면 좋은 점이 많다. 인정받는 것도 분명 좋은 것이다. 그러나 그것이 스피치의 첫 번째 목표가 되는 순간 자기다움은 밀려버린다. 무엇보다 나답지 못한 꾸밈과 형식이 앞선 모습 때문에 매력 없는 말하기와 목소리가 된다. 잘 하려다 실수라도 하게 되면 자신감도 잃고 말하기도 싫어질 것이다. 결국 말하는 것도 어려워지고 두려워서 하기 싫어 질 것이다.

'혹시 잘 보이고 싶은 사람이나 꼭 대단한 사람이 되겠다는 마음을 먹게 만든 일이나 사람이 있었나요?'

'고등학교 때부터 함께 어울리던 친구들이 있었어요. 친하고 의리도 있었죠. 그런데 20대가 넘어서 누군가는 대학으로, 누군가는 자신이 원하는 각자의 길을 찾아갔어요. 지금도 간간히 만나고 연락하는데, 유독 저랑 친했던 친구 한 명이 있는데, 그 친구는 자신의 분야에서 자신만의 길을 잘 닦고, 책도 쓰고 사회적으로도 인정 받는 모습을 봤습니다. 바쁘게 지내더라구요. 바쁜 그 녀석과는 점차 연락도 뜸해지고... 여전히 방황하며 길을 찾고 있는 지금의 나는 그 친구에게 질투도 나고 이기고 싶다는 마음도 생기더군요. 솔직히 서울에 있는 대학에 진학한 내가 대학 진학을 하지 않은 그 친구보다 대단하다 자부했는데, 지금은 제가 뒤쳐지고 인정받지 못하는 것 같아 얼른 그 친구보다 더 잘 나가야 한다는 마음이 앞서게 된 것 같아요.'

청년의 진짜 목소리와 말은 지금 이 순간이었다. 열정도 좋고 의지도 좋지만 건강하지 못한 열정과 의지는 자신은 물론 주변 사람들까지도 피곤하게 만든다. 따뜻하면 함께하지만 뜨거우면 멀리하고 달아나는 것이다.

잘 할 수 있는 말이란 내 몸을 통과한 말이다. 오랜 시간 관심을 가졌거나 해왔던 일, 시간과 마음을 오랫동안 투자했던 이야기, 감동을 받았거나 변화가 있었던 시기, 깨닫고 묵직하게 가슴 한 켠을 울린 이야기를 통해 그 안의 마음과 감정의 상태를 이야기할 때 내가 가장 잘 할 수 있는 말을 할 수 있다.

나답고 편안한 말을 하면 아주 이상적인 스피치가 된다. 아이를 키우는 엄마라면 기저귀와 분유를 이야기할 때, 게임을 좋아하는 사람이라면 게임을 이야기할 때, 감명 깊게 읽은 책이나 좋아하는 작가를 이야기할 때, 영화, 음식, 식당, 여행지, 운동 기타 등등 자신으로부터 출발하는 '그것'에 대해 먼저 이야기하며 스피치의 길을 시작하는 것이다.

잘 할 수 있는 말에 집중하고 말을 하다보면 자연스레 말을 잘 할 것이고 자신감도 생긴다. 또한 잘 할 수 있는 말의 범위를 확장하기 위해 다양한 지식을 쌓고 지성을 넓혀 나가는 것도 필요하다. 그것은 곧 말을 잘 하는 것이 아닌 잘 할 수 있는 범위가 늘어나는 것이다. 말하기란 역설적 해석으로 접근해야 한다. 좋은 목소리와 말이란 결국 그렇게 시작되는 것이다.

말을 잘하기 이전에 스스로 1분 이상은 말 할 수 있겠다 싶은 주제를 찾아보자. 살아가면서 오랜 시간 집중하고 관심을 가지거나 현재의 마음, 인상 깊었던 사건 등 그 어떤 것이라도 좋다. 그러다 보면 1분, 10분 때론 1시간도 부족한 이야기가 내 안에 있다는 것을 확인할 수 있다. 잘 할 수 있는 말에 집중할 때 자연스러운 말과 재미까지도 만날 것이다.

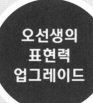

잘 할 수 있는 말, 나다움의 스피치

● 삶에서 가장 집중하고 많은 노력을 해 본 것에 대한 이야기

나이나 성과에 상관없이 지금껏 살아오며 가장 오랜 시간 집중하고 정신과 마음 때론 물질적 노력까지 이야기를 해보자. 오랜 시간 정신, 마음, 돈을 들였다는 것은 내가 살아온 시간과 경험이 농도 짙게 들어 있다는 것이다. 누군가에겐 꿈을 꾸고 소망을 가지고 노력하며 살았던 시간이 될 수도 있고, 누군가를 사랑했던 기억 등 사람에 따라 다양한 일들이 있을 수 있다. 이런 주제로 이야기를 시작하면, 주어진 원고 없이도 5~10분 그 이상도 거뜬히 이야기할 수 있다. 무언가를 만들기 전에 내가 가장 잘 할 수 있는 말로 나다운 스피치의 길을 내줄 필요가 있다. 그 길이 내 안의 다양한 것들이 유연하게 다닐 수 있도록 만든다.

● 일상에서 깊은 울림과 진동을 느낀 것에 대한 스피치

최근 마음을 가장 많이 차지하고 있거나 가장 인상 깊었던 일, 가장 기억에 남는 일에 대한 이야기를 해보자. 시간은 짧으면 2분, 길면 5분 정도로 진행하며 특별한 법칙이나 원칙 없이 내 마음에 가장 큰 진동이 있었던 일을 말하고 공유하는 것이다. 오늘 당장 있었던 일도 좋고 며칠 전 몇 주 전 길게는 몇 달 전도 상관없다. 중요한 것은 인상 깊었던 그 일에 대해 집중하는 것이다. 누구의 눈치를 볼 필요도 없고, 내 마음과 생각 그리고 느낌에 충실하면 된다. 만일 듣는 사람들이 있다면 이러한 이야기를 들어주고, 잘 들었다고 진심으로 말해주는 분위기와 따뜻함만이 필요하다. 일상 속 진동 스피치는 가장 기초적이면서도 가장 나다움의 스피치를 할 수 있는 초석이다.

● 추억의 음악과 그 속의 이야기 스피치

학창시절 혹은 과거에 가장 기억에 남는 나만의 음악은 무엇인가? 혹은 나만의 사연이 들어있는 특별한 음악은 무엇인가? 그 음악과 음악 속에 담긴 이야기를 주제로 스피치해 보자. 어떤 사람은 돌아가신 아버지가 가장 좋아했던 노래와 나, 아버지, 그 음악이 얽힌 이야기로 스피치했다. 또 어떤 사람은 중학생때 만난 첫 사랑에 얽힌 이야기를 하기도 했다. 힘들 때마다 힘이 되었던 조용필님의 〈꿈〉이란 노래와 꿈을 이루기 위해 살아온 삶의 이야기를 들려주기도 했다. 음악을 1~2분간 듣고 그 뒤에는 볼륨을 좀 줄인 뒤 스피치를 시작하고 배경음으로 그 음악은 계속 흐르게 두자. 마치 한 명의 배우가 세상 하나밖에 없는 자신만의 공연을 하듯 나만의 이야기가 담긴 스피치 연습을 할 수 있는 방법이다.

2장

당당한 삶을 만드는 스피치

스피치는
나만의
드라마다

○ 스토리텔링형 이야기

저는 자립성이 뛰어나고 소통을 중요하게 생각하는 사람입니다. 어려운 일이 생기면 포기하지 않고 끝까지 해결하는 성격이며, 사람들과 협동하고 서로 도움을 주는 것 역시 중요하다고 생각하는 사람입니다. 저는 세상을 살아가는 데 있어 자립성과 어울림, 두 가지를 매우 중요하게 생각하는 사람입니다.

어렸을 적 부모님은 오랫동안 맞벌이를 하셨습니다. 초등학교 2학년이었던 저는 학교에서 돌아오면 늘 혼자였고 밥 챙겨먹기, 설거지, 청소, 빨래 널고 개는 일을 해야 했습니다. 그때부터 자취를 하면서 혼자 저를 챙기는 법을 배웠습니다. 그러다 보니 사람들과의 어울림, 함께하는 시간이 얼마나 소중한지를 깊게 느끼며 자랐습니다. 그 시간을 통해 자립성과 어울림을 습득하며 두 가지를 모두 담은 삶을 살았습니다.

두 가지 자기소개는 같은 말을 하고 있다. 하지만 다르다. 무엇이다를까? 두 번째 글에는 스토리, 이야기가 있다. 첫 번째는 머리와 귀에만 들리는 스피치였고, 두 번째는 마음으로 듣는 드라마 스피치를 한 것이다.

스피치에는 여러 종류가 있다. 그만큼 개인의 필요와 이유도 각각이고, 배우고 익히고자 하는 부분도 사람마다 다르다. 자기소개, 신상품 발표, 강의, 사회(진행)와 일상에서의 대화, 설득 등도 스피치이다.

우리가 좋아하는 유명 강사들의 강의, 계속 듣게 되는 스피치, 집중되는 스피치의 대부분은 어떤 특징이 있을까? 바로 스토리가 있다.

우리는 교육을 원하고 도움이 되며 영양가 있는 말을 들으려 한다. 하지만 교육적인 설명과 이론적인 내용만 나열해서 말하는 것은, 자격증 시험, 자격검정, 자격증 취득 등의 특별한 목적이 있지 않고서는 오랫동안 듣는 것이 힘들다. 지루하고 따분해서 마음을 돌려버린다.

사람들은 이야기를 듣고 싶어 한다. 말하자면, 교육의 효과가 있는 스토리를 듣고 싶어 하는 것이다. 경험, 삶의 이야기, 실수담을 들을 때 우리는 귀를 기울이고 계속 듣게 된다. 이야기에는 사건이 있고, 생동감이 있다. 궁금하게 만들고 상상하게 만드는 것이다. 궁금함과 상상이 이어질 때 드라마의 기본이 형성된다.

드라마(Drama)라고 하면 TV 속의 드라마를 떠올리는데, 드라마는 '행동하다'라는 뜻을 가진 그리스어 드란(Dran)에서 비롯된 말이다. 스피치를 잘하고 싶다면 움직임과 행동이 있는 살아있는 말을 할 줄 알아야 한다.

그럼 드라마틱한 말을 하기 위해 필요한 것은 무엇일까? 의외로 단순하다. '경험'을 말하는 것이다. 구체적으로는 경험 속의 장소, 사람 그리고 그때 당시의 내 느낌, 마음 상태, 그 당시의 생각을 이야기하는 것이다. 구조적으로 보면 동사, 형용사, 감탄사 등이 적절히 사용되며 거기에 자신의 느낌을 더 하는 것이다.

예를 들어,

어제 오랜만에 친한 친구를 만났는데, 그 친구랑 자주 가던 중국집에 가서 맛있게 밥도 먹고 이런저런 이야기도 하고 참 반갑고 좋았어. 결혼하고 나서 이런 시간 참 오랜만이었는데, 기분도 좋고 옛날 생각도 나고 좋더라고.

라고 얘기하는 것과

어제는 집에 있는데 갑자기 전화 한 통이 오더라고, 모르는 번호가 떠서 받지 말까 하다가 조심스럽게 '여..여보세요..?' 하고 그냥 받았거든. 근데 웬일이니? 10년 만에 고등학교 때 단짝 지연이더라고. 그렇게 급하게 고등학교 앞에 있던 중국집에서 만나서 짬뽕이랑 짜장면을 시켜놓고 옛날 얘기한다고 3시간 동안 수다를 떨었다니까.

빠른 시간에 핵심만 얘기해야 하는 상황이 아니라면 사람, 장소, 느낌에 충실한 두 번째의 이야기가 훨씬 생동감 있고 집중될 것이다.

공연할 때 사용하는 대본에는 3가지 요소가 있는데 '해설', '지문', '대사'이다. '해설'은 장소나 상황을 설명하고, '지문'은 감정 상태를 말하며, '대사'는 오갔던 말을 일컫는다.

다시 말하지만 사람들은 이미 드라마 스피치의 능력을 가지고 있다. 바로 자기 경험을 구체적으로 말하는 것이다. 그 안에는 에피소드가 있다. 에피소드가 스피치가 되려면 그 사건과 경험의 중심과 끝에 핵심 메시지가 있어야 한다. 에피소드를 나열하는 데서 끝나면 수다가 되고, 에피소드에 핵심 주제와 말하고자 하는 메시지를 가지면 그것은 강의가 되고 재미와 의미가 있는 스피치가 된다.

다른 예시를 통해 계속 알아보자.

대학동기인 20년지기 친구와 함께 고기집에서 갈빗살과 보글보글 끓는 된장찌개에 맛있게 밥을 먹고 있었어요. 그런데 식당 안에 들어서면서부터 거슬리던 것이 있었는데, 서빙 하는 분의 목소리가 너무 큰 거예요. 필요이상으로 톤이 높고 소리를 지르는데 '4번 테이블에 2인분 추가요! 네, 갑니다! 음료수 달라구요? 네!' 활기차거나 보기 좋은 것이 아니라 시끄럽고 불쾌감마저 느껴지더라고요. 그렇게 밥을 먹는 내내 불쾌해서 인상을 쓰다가는 자칫 그 사람에게 한소리 할 것 같아서 이래저래 불편했습니다. 그러다 친구에게 '야, 여기 다시는 오지말자. 뭐냐? 저 사람, 진짜 상식 이하다.' 라고 했는데, 밥을 먹던 친구는 조용히 한 마디 하는 거예요. '그래 좀 그렇긴 하네. 근데 너 혹시 들어올 때 여기 가게 간판 봤냐?'라고 묻기에 가게 상호를 확인하는데, 가게 이름이 '으악새'였어요. 저는 잠시 생각에 잠겼죠. 나중에 들기로는 그 시끄럽게 서빙 하시던 분이 사실은 청각에 장애가 조금 있는 분이었고, 가게 사장님의 도움으로 그 가게의 전담 운영 매니저를 하고 있다는 것이었죠. 그분이 일하는 모습을 보고 '으악새'라는 가게 이름도 다시 지어지게 된 것이죠. 그분은 신나게 열심히 하려다 보니 보통보다 큰 목소리로 말했고 겉보기에 이상해 보일 수도 있던 것이었죠.

여기까지의 일상 에피소드가 있다면 이 사건을 통해 최종적으로 핵심 메시지를 정리해 보자.

그분은 신나게 열심히 하려다 보니 보통보다 큰 목소리로 말했고 겉보기에 이상해 보일 수도 있던 것이었죠. 저는 여기서 하나의 깨달음을 얻었습니다. 긍정적으로 살아간다는 건, 그저 억지로 좋게만 생각하는 게 아니라 통찰력을 키우는 것이라는 사실을 말이죠. 빙산의 일각처럼 눈에 보이는 현상만 보고 사람과 상황을 내 마음대로만 판단하는 것이 아니라 좀 더 깊이 보고 넓게 보는 마음을 가져야겠구나. 공부를 더하고 책을 더 보는 이유는 지식의 더함이 아니라 세상을 좀 더 긍정적이고 유연하게 살기 위한 것임을 느끼게 된 것이죠.

그리고 여기서 다시 청중에게 화두를 던지며 마무리하면 내 이야기가 나만의 경험이 우리의 모두의 이야기로 함께 고민해 볼 수도 있다.

최근 내가 만난 '으악새'는 없는지, 나는 사람이나 상황을 주로 어떻게 대하고 해석하고 살아가는지 그리고 내가 못보고 몰랐던 것을 이해하면 우리는 좀 더 즐거운 삶을 살 수 있지 않을까 하는 생각을 봅니다.

자신만의 메시지로 마무리하며 모두가 생각해 볼만한 스피치로 이끌어 가는 것은 스피치에서 매우 중요한 부분이다. 스피치를 잘하는데 있어 일상 속 나만의 드라마인 경험, 에피소드를 생동감 있게 잘 전달하고, 때론 삶의 아팠던 기억, 변화의 사건들을 이야기하면서 청중들은 집중하고 감동과 깨달음을 전달받는다.

아직 어렵고 조심스러운 이야기는 마음의 동의와 치유가 필요할 것이니 스피치를 위해 무조건 이야기하는 것은 피하자. 스피치는 무엇보다 마음의 건강함이 먼저라는 것을 잊지 말고, 가벼운 일상 속에도 크고 작은 드라마는 있으니 우선 거기에서부터 출발해보자.

모두가 아는 스피치의 원칙, 원리도 중요하지만, 나만이 할 수 있는 드라마 스피치는 내 이야기를 하는 것이기에 스스로도 말하는 것이 즐겁고 재미있다. 그것이 곧 내 스피치의 경쟁력이기 때문이다.

스토리텔링은 스토리라는 이야기의 나열과 플롯이라는 이야기 속 인과관계, 구체적 사건들로 이루어진다. 드라마틱한 이야기는 플롯이라는 구체적 사건과 그 속의 느낌, 경험, 깨달음으로 만들어진다. 삶의 이야기를 선택하고 그 이야기 속에 들어있는 구체적인 상황, 오고간 이야기, 그 속의 느낌과 생각이 담긴 플롯들을 이야기하며 드라마틱한 스피치를 연습해 보자.

흥미로운 스토리텔링의 조건과
드라마 스피치의 공통점

드라마 스토리텔링에는 대표적인 조건이 있다. 연극, 영화, 소설 등 우리를 집중하게 하는 작품에도 존재하는 요소들을 알아보자.

● 인물과 성격 人物, Character

'캐릭터'는 인물의 성격이다. 이는 같은 상황도 다르게 만들고 듣는 사람으로 하여금 흥미를 유발하는 기초 요건이 된다. '소심하고 말하기를 즐기지 않았던 저는'으로 시작하는 것과 '어렸을 때부터 나서기를 좋아하고 대범한 성격이었던 저는', '소심하지도 않고 그다지 대범하지도 않은 평범했던 저는'으로 시작하는 것은 뒤에 같은 상황이 오더라도 분명 다른 전개와 사건, 느낌, 흐름을 만들어 낸다. 드라마나 영화를 봐도 각자 다른 인물이 등장한다. 비교적 비중이 작은 조연이라 해도 각각의 성격과 느낌, 목표를 가진 인물이 등장하며 때론 주연보다 더 주목을 받기도 한다.

그렇다면 스피치에서 캐릭터란 무엇일까? 자신의 성격, 특징(장단점), 소망, 과거, 현재의 마음 등을 돌아보고 나 자신의 정체성을 명확히 하는 것이라 볼 수 있다. 그러다 보면 자신을 알게 되고 이해하게 된다. 세상 그 누구도 아닌 나만의 이야기들이 나온다. 그 속에는 '나'라는 캐릭터가 있다.

정답은 없다. 우리는 각자 한명 한명의 남들과 다른 소중한 삶과 특징을 가진 고유의 캐릭터이다. 키가 클 수도 있고 보통일 수도 있으며 작을 수도 있다. 학력은 중졸, 고졸, 대졸, 대학원, 유학파일수도 있고 때론 초등학교 졸업이나 무학일 수도 있다. 종교도 다를 수 있고, 생김새, 음식 먹는 취향, 알레르기, 건강 상태 등 비슷한 사람을 만날 수도 있지만 분명한 것은 각자의 존재가 있다. 나 자신에 대해 돌아보고 알아가며 이해하다 보면 과거, 현재 또는 미래의 꿈에서 소중한 스피치의 원석을 발견하게 된다.

● **목표** 目標, goal

소망, 욕망 또는 꿈이라 일컫는 '목표'이다. 우리는 어떨 때 움직일까? 쉽게 생각해 보자. 이 책을 왜 읽고 있을까? 심심해서? 그렇다면 심심함을 없애기 위한 목표로 책을 읽은 것이다. 또는 말을 잘하고 싶어서, 당당해 지고 싶어서, 자존감을 찾고 싶어서, 스피치 기법을 알고 싶어서 등의 목표가 있다. 우리 삶을 단위와 기간으로 나누어 보면 삶의 목표라는 거창한 꿈이 아니더라도 일상에서 다양한 목표를 가지고 움직인다. 아니, 움직이게 된다.

흥미로운 스피치 스토리텔링의 핵심 요소이자 모든 이야기의 중추

같은 역할을 하는 것이 그러한 인물(캐릭터)의 '목표'이다. 자신이 무엇을 하고 싶고 무엇을 이루고 싶은지, 얼마나 강렬하게 그것을 원하는지에 따라 이야기의 흐름과 흥미는 달라 질 수 있다.

앞서 언급한 것처럼 이 책을 읽은 이유가 심심해서 읽는 사람과 1주일 후 회사에서의 중요한 발표를 앞두고 읽는 사람과는 다를 것이다. 산에 오르더라도 조용히 산책하고 싶은 사람과 잃어버린 건강을 되찾기 위한 산행은 다르다.

인물이 무엇을 원하며 그래서 어떤 행동을 했으며 그것이 얼마나 강렬했는지 혹은 그냥저냥 대충하고 싶었는지를 이해하는 것은, 힘 있는 스피치의 핵심 근간이 되는 것이다. '나'라는 인물로서 삶을 살아가며 원했던 것은 무엇이었는지, 혹은 원하는 것이 없었는지, 강렬히 원했던 것이 있었거나 지금은 무엇을 원하는지 알고 돌아보는 것은 당신만의 스토리텔링 스피치에 추진력을 실어줄 것이다.

● **응축** 凝縮,condensation

다음으로 소개하는 것은 '응축'이라는 마음의 밀도다. 쉽게 말해, 무엇을 얼마나 오랫동안 얼마만큼 원했는지에 따라 마음의 밀도는 달라질 수 있다. 드라마에서는 이것은 '극적 밀도'라 부른다.

예를 들어 '눈앞에 물 컵에 있다.' 이런 단순한 상황이 인물의 응축된 마음 밀도에 따라 전혀 다른 상황이 될 수도 있다. 식당에서의 물 한 잔과 일주일간 물 한 방울도 마시지 못한 사막에서 마주한 물 한잔은 다르다. 더욱 극적이며 적극적일 것이고 때론 감동이다.

좋은 가정환경과 단란한 집안에서 자란 사람에게 칭찬과 위로란 감사하지만 평범한 일일 수 있고, 엄한 부모나 억압된 환경에서 자란 사람에게 칭찬과 위로란 어색함이자 큰 감사함, 큰 감동일 수 있다. 반대로 늘 들어왔던 위로와 칭찬을 오랫동안 받지 못한 마음, 오랫동안 누렸던 것을 잃어버렸을 때의 박탈과 충격 역시 극적 밀도를 만들어낼 수 있다.

스피치 스토리텔링도 마찬가지이다. 자신의 삶에 오랫동안 응축되어 있는 목마름, 억울함, 서운함 또는 소망과 바람은 무엇인지, 그러한 이야기에서 나만의 드라마가 시작된다. 스피치보다 중요하고 소중한 것은 우리의 마음이기에 따뜻한 분위기에서, 마음이 허용하는 범위 안에서 차근차근 응축된 이야기들을 풀어보자.

● **장애와 사건** 障礙, obstacle & 事件, incident

드라마 스토리텔링에 있어 가장 핵심적 부분이라 해도 과언이 아닐

만큼 중요한 부분이다. 인물, 목표, 응축이 있는 가운데 인물은 어떤 행동, 도전, 시도를 한다. 그러다 나타나는 것이 바로, 장애라는 방해 요소나 문제 상황들의 등장이다. 다만 1차적으로는 그러한 해석이지만 더욱 드라마틱하고 훌륭한 인물의 배경이 되기도 한다.

사랑 이야기만 하더라도 남녀가 만나 서로 사랑하고 결혼해서 아이를 낳고 행복하게 살았다는 드라마가 없다. 그런 삶도 나쁘지 않지만 뻔한 전개의 나열일 뿐이다. 매우 흔한 장애 요소지만 남녀가 만나 사랑을 하는데 집안의 수준이 다르다는 이유로 남자 집안에서 결혼을 반대하거나 여자가 갑자기 불치병에 걸리거나 새로운 이성의 유혹에 마음이 흔들리는 이른바 사랑의 장애와 방해가 생긴다.

바로 드라마의 시작이다. 인물들 간의 복잡 미묘하고 조마조마하며 화나고 괘씸한 부분들이 생기는 것이다. 여기에서 관객과 청중은 집중하고 재미를 느낀다. 별일 없이 무난하게 사는 것이 좋고 아무 사건도 생기지 않기를 바라지만, 살다보면 소소하지만 이루 말할 수 없는 어려움과 힘듦이 있을 것이다. 그것으로 인한 사건도 어마어마했을지 모른다.

조심스레 말하지만, 삶의 공연과 경이가 아직 끝나지 않은 이상 그것은 아직 전반전에 불과하며 우리는 극복해왔고 극복할 수 있으며 나만의 드라마 스피치를 위한 굉장한 소재가 될 수 있는 것이다. 오직 나만의 드라마 말이다.

● 해소와 교훈 解消, settlement & 教訓, message

막바지에 이르러 어떤 장애와 사건이 있었다면 그 일이 어떻게 해결되고 해소되는지가 드라마의 종지부가 된다. 물론 인물과 흐름에 따라 해결되지 못한 채로 머물러 있거나 '열린 결말'이란 이유로 마무리 없이 끝나는 경우도 있다.

하지만 스피치 스토리텔링에 있어서는 해결이 안 되고 마무리가 되지 않은 일조차도 마무리해야 한다. 어떤 일(계기)로 어떻게 해결되었는지가 청중, 관객들에게는 정리되는 느낌을 주며 안정감을 준다. 이야기의 흐름에 있어서 체계적 인상을 주기도 한다. 그것은 감흥의 결정적 요소이다.

예를 들어 '늘 엄하고 무서웠던 아버지를 원망하고 아직 아물지 않은 마음이 있지만, 돌아가시기 전 남겨 놓은 아버지의 편지를 읽으며 이젠 아버지를 향해 미소를 보내드리기로 했어요.' 라든지 '힘들게 시작한 서울생활이었고 상처 많았던 자취생활이었지만...' 이젠 어떤 계기와 해소로 마무리를 지어보는 것이다.

그 속에 담긴 나만의 결론 한 문장을 정리해 본다. '미움이 오히려 더 큰 사랑이 될 수 있습니다.', '결국 삶의 중요한 열쇠는 그 누구도 아닌 제 자신이 갖고 있었습니다.' 등의 최종 메시지가 될 수 있다. 다만 말과 문장 만들기에만 연연하는 것이 아닌 이야기의 진심과 진정성을 잊지 말아야 한다.

다양한
감정 표현과
틀 깨기

○ 자유롭고 나다움을 위한 연기 수업

스피치 수업을 하면서 사람들에게 꼭 소개하는 것이 있다. 앞에서도 잠시 다뤘던 내용인데, 바로 감정 표현이다. 감정이란 상황과 현상에 따라 느껴지는 마음의 상태 또는 변화로, 나의 느낌, 기분, 상태를 언어나 신체로 나타내고 알리는 것을 말한다. 감정이 굳어있거나 어색해지면 우리는 자유로운 말하기와 자기 표현이 어려워진다.

　감정 표현의 대표기관인 얼굴 표정이 굳어있거나 목소리가 주눅 들어 있는 사람, 무대에서 자신의 이야기를 자유롭게 표현하는 것이 어렵고 자기만의 틀 안에 갇혀서 답답함을 느낀다면 감정 표현 연습 후 변화된 것을 볼 수 있다.

　사실 1차적으로는 재미있고 입체적인 말하기를 위해 다양한 표정과 표현법을 배우는 데도 도움이 된다. 같은 말을 하더라도 표현력이 좋으면 그때그때의 에피소드와 상황을 보다 흥미롭고 구체적으로 살릴 수 있기 때문이다.

　좀 더 궁극적으로 '감정 표현의 스트레칭'이란 개념으로 이해하면 좋겠다. 무용수가 굳어있는 몸의 이곳저곳을 스트레칭 하는 이유는 큰 동작이나 과격한 동작을 하기 위함이 아닌, 작은 동작을 하나 하더라도 자유롭고 섬세하게, 장면과 상황에 맞춰 유연하게 표현할 준비를 하는 것이다. 감정 표현과 스피치의 관계는 흥미로운 말하기의 표현법이며 유연한 감정 표현의 스트레칭이자 나아가 뻔뻔함 훈련으로 자신감까지 얻게 해준다.

　다음은 단계별로 진행되는 감정 표현 연습이다. 흐름에 따라 차근
차근 해보자.

Step 1 다양한 감정의 종류와 표현하기

● 감정의 종류

기쁨, 고마움, 행복, 환희, 사랑, 자신감, 뿌듯함, 설렘, 그리움, 호기
심, 의심, 화남, 질투, 짜증, 미안함, 분노, 연민, 억울함, 답답함, 불안,
초조, 당황, 황당, 두려움, 희열, 기대, 놀람, 충격

① 감정의 종류를 편하게 하나씩 읽어본다.
② 다시 읽을 때는 감정이 가진 특성에 맞게 가볍게 표현하며 감정의
　종류를 읽어본다.
③ 감정을 읽는 순간 그 감정을 경험한 상황이나 사건을 떠올리고 말
　없이 느껴본다.

　감정의 종류들을 하나하나 읽어보자. 천천히 편안하게 읽어보

자. 그런 다음 감정의 종류를 하나씩 표정으로 표현해 보자. 그리고 그 감정을 느꼈을 때가 언제인지 생각하고 떠올려 보자. 일부러 표정을 지어보는 것은 얼굴 근육의 이완을 위한 것이지만, 얼굴 근육이 잘 풀렸다면 상황에 집중하기만 해도 자연스러운 표정과 느낌이 자연스럽게 나올 것이다.

어떤 사람은 밝은 표현이 잘되고 화내거나 부정적인 감정 표현에 어려움을 느낀다. 반대로 어둡고 부정적인 표현은 잘 되지만, 밝고 긍정적인 표현이 어려울 수도 있다.

여기서 중요한 것이 있다. 감정 표현이 어려운 이유는 어렸을 때 감정 표현으로부터 억압된 상황에 주로 놓였거나 상처가 있을 수 있다.

학창시절 밝고 활기찬 성격이었지만 친구와의 경쟁으로 왕따가 되어 성격이 소심하고 조용한 성격으로 살기도 한다. 또 누군가는 엄한 부모님의 영향을 받기도 한다. 중요한 건, 자신의 감정 표현의 특징을 알고 과거를 돌아보며 과감히 자신이 어려워하거나 어색해 하는 감정들에 대한 표현을 해볼 필요가 있다.

Step 2 다양한 표현 트레이닝 대사

다음은 같은 말이라도 다르게 표현될 수 있는 다양한 표현법이다. 같은 말을 하더라도 굵은 글씨 아래의 지문에 맞게 표현해 보는 것이다. 이 역시 비교적 잘 표현되는 감정이 있을 것이고, 어려운 표현이 있을 것이다. 그저 느껴지는 대로 해보자. 대사(말)는 상황에서 나오고 상황은 감정을 자연스럽게 만들기에 그 감정이 느껴질 만한 상황을 떠올리며 표현하면 좋다.

· 안녕하세요, 반갑습니다.

　(반갑게 / 아주 반갑게 / 반갑지 않은 듯)

· 어서 오세요~ 몇 분이세요? 안쪽으로 모시겠습니다.

　(가장 친절하게 / 무미건조하게 / 가장 불친절하게)

· 네, 정말이에요? 감사합니다. 정말 감사합니다.

　(기쁨으로 / 매우 기쁨으로 / 좋은 척 하면서)

· 야, 너는 친구한테 말을 그렇게 하냐?

　(무겁게(화가 나서) / 가볍게 / 당황스러워서)

· 무슨 말인지 알겠어? 내가 시킨 대로만 해 알았지?

　(여유 있게 / 가장 급박하게 / 답답한)

· 네, 말씀하신 뜻 잘 알겠습니다.

(가장 교양 있게 / 가장 격 떨어지게 / 울분에 차서)

감정 표현의 스트레칭이 어느 정도 되고 있는가? 쉽지 않다고? 좋다. 쉬울 리가 없다. 잘 안 되더라도 시도해보고 놀아보고 표현하고자 하는 것이 중요하다. 어색함에 시도하는 것도 우리에겐 감정 표현 스트레칭의 과정이자 효과가 있을 테니 어렵고 마음대로 잘 안 되더라도 시도해 보자.

Step 3 다양한 감정 표현 짧은 독백 Monologue

이젠 대사가 좀 더 많아졌다. 혼자 하는 연기인 독백이라는 것인데, 다양한 감정에 따른 짧은 독백 대사들이다. 연습 흐름은 비슷하다. 먼저 읽어보고 내용을 파악하고, 느껴지는 대로 다시 감정을 넣어서 표현해 보자.

가능하다면 내가 누구인지, 상대는 누구인지, 왜 말하는지를 생각해 보고 대사를 표현해 보자. 그리고 감정을 강하게 표현하고 싶으면 내가 왜, 얼마나 강한 목적을 가지느냐에 따라 그 감정의 농도가 달라질 수 있다. 다시 놀고 즐겨보자. 소리치고 싶으면 소리치고 격하게 시도해도 좋다.

① (내 꿈을 늘 무시하고 비아냥거리던 친구가 본인은 배우의 꿈을 꾸게

되었다고 나에게 말하는 것을 듣고...)

참나, 네가 배우가 되겠다고? 너는 뭐가 다른 줄 아나 봐? 웃기지

마... 배우는 아무나 되는 줄 아니? 나도 젊었을 때는 꿈이란 꿈을

다 꿔봤어~ 너도 알잖아. 네가 늘 무시했으니까! 현실을 직시해야

되는 거야! 네가 꿈을 꾸면서 피해를 볼 많은 사람들을 생각이나

해 봤어? 꿈 깨! 정신 차리라고!

② (오랫동안 구속받고 쩔쩔매며 살았던 나를 억압했던 상대에게)

더 이상 함부로 말하지 말아요. 난 지금까지 단 한 번도 나답게 살

아본 적 없으니까요. 오로지 당신과 당신이 만들어 놓은 새장 속에

서 갇혀 살았죠. 진짜 내 감정은 말하지 못한 채 아니 내가 누군지

도 모른 채 그렇게 살았어요. 근데 뭐라구요? 앞으로도 또 그렇게

살라구요? 그럼 난 차라리 다시 태어나겠어요!

③ (시장 장터에서 즐겁고 활기차게 손님들의 이목을 끌기 위해)

자자, 날이면 날마다 오늘 물건이 아닙니다. 동해로 번쩍, 서해로

번쩍 여기 저기 거기 전국 방방곡곡 돌아다니다 보면 언제 다시 여

기로 올지 몰라. 나도 나를 몰라. 그러니까 후회 말고 집어 집어.

당장 집어. 아줌마, 아저씨, 형님, 누나, 동생, 고모, 이모, 할 거 없

이 골라봐~ 아싸라비야 쿵짝!

④ (늦은 밤, 자리를 뜨려는 이성을 유혹하며)

아니아니... 그렇게 빙빙 돌리지 말아요. 그 눈빛이 이미 나에게 다 얘기하고 있으니까. 솔직히 나랑 같이 있고 싶죠? 거짓말... 벌써 당신 마음은 여기가 아닌 다른 곳에 있는 거 같아 보이는데? 좀 더 솔직하게 말해 봐요.

⑤ (내 삶과 마음을 나누고 살았지만, 매번 거짓말하고 배신하고 뻔뻔한 이성에게)

야, 이 새끼야! 네가 인간이야? 너 어제는 누구랑 있었어? 주댕이는 끝까지 살아가지고 할 말은 또 있나보네? 휴대폰 줘봐! 못 주겠지? 평생 그렇게 살아라. 이 쓰레기 같은 새끼. 거울 좀 보면서 살아. 이 새끼야.

⑥ (힘들었던 과거를 돌아보며 홀가분한 마음으로)

행복이란 이런 거구나 싶어요... 남 눈치 안 보고... 정말 내가 생각하는 대로 한 번 해보는 거... 전 너무 오랫동안 갇혀 살았어요. 그렇다고 오해하지는 마세요. 완전히 불행했던 건 아니었으니까요. 다만 이제 진짜 행복이 뭔지 조금씩 알게 된 거죠. 당신도 그랬으면 좋겠어요.

긴 독백, 마음의 이야기가 담긴 대사를 말하다

● **안톤 체호프의 희곡 〈갈매기〉 中에서**

그때 난 무대도 연기도 점점 멀리하고 싶었어요. 열정도 흐려지고, 현실적인 고민들이 가슴을 채웠죠. 자꾸 보잘 것 없는 사람이 되는 것 같고, 무대 위에서 손을 어떻게 해야 할지 또 어떻게 서 있어야 할지도 몰랐고, 목소리조차 제 목소리로 낼 수 없었죠. 자기 자신의 연기가 엉망이라는 걸 알고도 무대에 올라야 하는 그 처절함을 아시나요? 하지만 지금은 달라요. 전 이제 진짜 감정을 가지고 제 목소리로 연기하는 배우가 되었어요. 내가 여기 온 이후 저도 모르게 한 걸음씩 나아가고 있는 저를 발견했죠. 그리고 매일같이 나도 모르게 강해지고 있다는 걸 느낄 수 있었어요. 이젠 이해할 수 있어요. 무대에 선다는 건 명성이나 관객의 갈채에만 연연해서는 안 된다는 것을.. 중요한 건 인내하고 자신의 신념을 가지고 견뎌나가야 한다는 것이었죠. 그리고 묵묵히 저만의 십자가를 지고, 길을 걸어 나가는 것이죠. 전 이제 두렵지 않아요.

● 오창균님의 창작 대사

(차분하게) 네? 전 사실.. 보기와는 다르게 차분하고 조용한 사람이에요. 평상시에 저를 보면서 저를 어떻게 생각하셨는지 또 어떤 선입견을 가지고 계셨는지.. 대충은 저도 알고 있어요. 하지만 얘기한 것처럼 전 사람들과도 제 자신과도 조용히.. 마치 잔잔한 강가처럼 그렇게 지내고 싶은 사람이죠..

(생각에 잠기며) 그런데.. 삶이.. 제 삶의 이야기들이 제가 아닌 저로 저를 만들어 버렸죠. 약하고 착하면 내가 손해 보니... 참아주고 넘어가면 나만 억울해지니까.. 그렇지 않으면 이 전쟁터 같은 세상에서 격투기의 링 위에 오른 것 같은 치열한 세상에서 살아남을 수 없으니까.. 달리기 경주 같은 삶에서 뒤쳐질 것 같으니까..

(침묵) 하지만 삶이 흐르고 사람들을 만나며 때론 아픔을 만나며.. 이젠 조금씩 깨달아요... 그럼에도 불구하고 좀 더 뒤로 물러나 줘야 한다는 것을... 그럼에도 불구하고... 때론 눈 감아주고.. 내가 미안하다고 해야 한다는 것을.. 그럼에도 불구하고.. 쉽지 않지만... 내가 먼저 웃어줘야 한다는 것을 말이죠... 내 강한 자존심의 열매가 떨어져야 그토록 지키고 싶었던 그 자존심을 내려놔야.. 인격이라는 열매가 맺힌다는 것을... 이제 조금씩 알게 된 거죠.. 그렇게 우리는 조금씩 어른이 되어가는 것이겠죠..

(상대를 보고) 근데 제 얘기 듣고 있어요?

(졸고 있는 상대방을 보고 올라오는 화를 누르고.. 참으며...) 휴... 참자..
참아야 한다.. (하며 억지로 웃는다.)

단어로 된 감정 표현에서, 다양한 감정 표현의 짧은 독백 대사와 긴
독백 대사까지 해봤다.

누군가는 별 문제없이 재미를 느끼며 했을 수 있고 또 누군가는 어
렵고 힘들었을 지도 모른다. 중요한 것은 감정의 스트레칭이다. 이렇
게 표현하고 그 표현에 대해 고민해 본 자체가 그간 잘 사용하지 않았
던 표정과 감정의 지점에 자극을 줄 수 있을 것이다. 말을 하고 표현
을 하는 스피치에 있어서도, 일상을 살아가는 삶의 무대에 있어서도
차근차근 굳어있는 지점들을 유연하고 부드럽게 풀어 보자.

오랫동안 사용하지 않았던 감정을 표현하며 굳어 있는 그 지점들을 조
금씩 유연하게 만드는 것이 스피치에 있어서 중요하다. 그러다 보면 표
정은 물론 전반적인 표현력의 폭이 넓어지고 때론 가슴이 뚫리는 듯한
시원함도 느껴질 것이다. 잘 하려 하지 말고 즐기고 시도하려는 마음으
로 다시 한 번 대사와 표현들을 해보자. 어느새 유연한 당신을 만날 수
있을 것이다.

무대에서
가장 먼저
들어야 할 말

○ 자신을 격려하는 마음의 힘

몇 해 전 미국에 있는 한 대학 연극영화과에 입학한 지인과의 대화에서 인상적인 얘기를 들었다. 사실 커리큘럼이나 교육방식이 궁금해서 한 학기를 마치고 온 그와 함께한 자리였다. 자리를 하자마자 대뜸 물었다.

　'형, 어때? 학교 좋아?'

　'정말 좋았어. 생각보다 더.'

　그렇게 시작된 그의 이야기는 이랬다.

　'개강하고 연극 실습이 있던 첫 날이었는데, 스무 명 정도 되는 우리 기수는 대부분 서양학생들이었어. 아시아의 여러 나라와 일본에서 온 학생들도 몇 명 있었어. 나를 포함한 한국 학생도 두 명이나 있었어. 수업은 극장 무대에서 진행되었는데, 우리는 미리 도착해서 반갑기도 하고 약간은 어색하기도 한 분위기에서 교수님을 기다리고 있었거든. 수업시간이 임박하고 교수님이 도착하셨는데 여자 분이셨어.

　영화에서 본 듯한 그런 느낌? 뿔테 안경에 깔끔하게 올린 머리, 정확하고 깐깐해 보이는 첫 인상이었어. 간단히 본인 소개를 하시고 수업 소개 후 우리에게도 자기소개를 하라고 하시더라고. '한 사람씩 무대 위로 올라가서 나에 대한 얘기를 좀 해볼까요? 이름도 사는 곳도 이렇게 입학해서 연기 수업을 받게 된 이유와 여기까지 온 이유도 좋아요. 자신만의 꿈이나 다양한 이야기, 뭐든 좋아요. 누구부터 할까

요?'라고 말이지.'

 개인당 2~3분 정도의 시간이 주어지고 한 사람씩 무대 위로 올라가 자신만의 이야기를 시작했다고 한다. 순서는 따로 정하지 않았고 먼저 하고 싶은 사람이 우선권을 가졌다. 교수님은 미소를 짓고 편안히 앉아 있었고 오래지 않아 자연스레 한 학생이 올라가고 이어서 또 다음 사람이 자연스럽게 올라갔다.

 상황과 사람에 따라 다를 수 있지만 인상적이었다. 그리고 한사람씩 올라가 자기 이야기를 하고 내려올 때마다 교수님은 발표를 마친 학생에게 '원더풀', '뷰티풀'이라고 외치며 미소와 박수를 보냈다고 한다. 그렇게 각자의 자기소개를 포함한 첫 수업이 마무리되었고, 그는 교수님을 찾아 갔다고 한다.

 '교수님 반갑습니다. 그리고 첫 수업 감사합니다. 그런데 드리고 싶은 얘기가 있습니다. 저는 이곳 뉴욕과 열 네 시간 정도 떨어진 한국이란 곳에서 왔습니다. 가족과 친구들을 떠나서 말이죠. 그런데 교수님께서는 일관되게 '뷰티풀', '원더풀'이라고만 하시니 솔직히 앞으로 조금 걱정됩니다. 구체적이고 전문적인 피드백을 듣고 싶습니다.'

 교수님은 미소를 지으며 이렇게 말했다고 한다.

 '그래, 충분히 그렇게 질문할 수 있지. 배우고 싶어서 왔을거고 자신을 더 발전시키고 싶을 테니까. 그런데 말이야, 정말 특이한 것은 매년 아시아 특히 한국에서 온 학생들은 지금과 유사한 질문을 한다네. 처음부터 자신이 한 것에 대한 평가를 바라고 공부하려 들지. 걱정하지 말게. 앞으로 실습과 코칭이 충분이 기다리고 있으니 말이야.

헌데, 난 조금 다른 접근을 소개해 주고 싶어. 특히 오늘 같은 첫 시간엔 더더욱 말이야. 평가와 성과 이전에 이미 지금의 자신을 인정하고 존중해줬으면 한다는 거야. 학생 말대로 고향도 가족도 친구도 떠나 멀리까지 큰돈을 들여 독한 마음으로 이곳까지 왔고, 첫 시간의 부담에도 불구하고 사람들 앞에 서서 입을 떼고 말하며 스스로를 알리고 표현했지. 아무리 연기 전공자들이라도 일정 부분 긴장되고 부담이 있었을 텐데 말이야. 그 사실 자체만으로도 이미 너무 훌륭하고 아름다운 것이 아닐까? 너무 '나이스'한 일이지. 오늘 수업 시간의 자네도, 지금 질문하는 자네도 내가 볼 땐 참 대단하고 멋져 보여.'

그 이야기를 들으면서 형은 가슴 한 편이 찡하게 울렸다고 한다.

'그래, 난 잘하기 위한 방법, 인정받기 위한 방법만을 찾고 헤매었구나. 있는 그대로의, 이미 수고하고 잘하고 있는 나에게는 너무 인색했구나.'

최근 다시 찾은 그의 연극 무대는 눈에 띄게 편안하고 자연스러웠다. 물론 다양한 트레이닝과 노력이 있었겠지만, 확실한 것은 표정도 목소리도 전에 비해 편안하고 명확해 보였다. 물론 일상에서도 말이다. 그리고 본인 역시 그때의 첫 수업이 자신에게 큰 영향을 끼쳤다 말한다.

어쩌면 첫 수업 시간에서 교수님이 학생들에게 보낸 '원더풀'과 '뷰티풀'은 평가와 성과만을 위해 지금을 살아가는 우리에게 진정 필요한 것이 아닐까?

물론 어떤 분야나 정신이나 심리뿐만 아니라 기술과 기능의 메커니즘 영역을 동시에 훈련하고 학습해야 한다. 그 부분을 간과하겠다는 것이 아니라 항상 잘 하려고만 하고, 인정받고, 평가받는 것에만 익숙해진 사람들은, 무대와 일상에서의 말과 표현이 자연스럽지 못하며, 나답지 못하고, 자유롭지 않다.

누군가 나에게 말해주길 기다리자. 그리고 이미 잘 하고 있고 수고하고 있는 나에게 가끔 조용히 말해주자. '원더풀', '뷰티풀'이라고. 그것은 우리가 원하는 무대와 삶의 멋진 연기를 위한 중요한 시작점이 될 것이다.

우리는 성과와 발전을 위해 시간과 정신, 물질을 투자한다. 목표를 달성하고 인정받으며 성장하거나 성공하고 싶은 마음 때문이다. 그러나 무엇보다 먼저 할 것이 이미 수고하고 있는 나에게 잘 하고 있다고, 격려하고 위로해주는 것이 필요하지 않을까?

'돌아보면 내 마음대로, 기대대로 모두 그렇게 된 것은 아니지만, 지금이 순간도 넌 이미 잘 하고 있어. 이 순간 살아있음에 정말 고마워.'

삶의 무대에
당당히 서려면
타이즈를
입어라

o 진정한 자신감의 시작점

스무 살이 되던 해, 예술대학에 입학하고 첫 연기 수업이 있던 날이었다. 입학한 20명 남짓한 동기들이 함께였고 각자의 끼와 뜨거움을 가진 배우 지망생들이었다. 교수님이 도착하기 전 편안한 옷으로 수업을 준비했다.

 수업 시간이 되고 도착한 교수님은 그 당시 175cm가 넘는 키에 짧은 머리로 뭔가 당당하고 시크하게 등장했다. 그 여자 교수님의 모습은 꽤나 인상적이었다. 교수님이 도착하시고 우리는 타원형으로 둘러앉아 교수님이 있는 쪽을 바라봤다. 실습 중심의 연기 수업이었기에 책상과 의자 없이 그저 편안한 연습실이었다. 다들 초롱초롱한 눈빛으로, 교수님을 바라보는 데 교수님은 카리스마 그 자체였다.

 수업을 시작하고 자연스럽게 자신을 소개하면서 가방에서 담배 한 가치를 꺼냈다. 그리고 피웠다. 다시 이야기는 이어졌고 이번엔 맥주 한 캔을 마시며 이야기를 이어 나갔다. 매우 자연스럽고 묘하게 어울리는 느낌으로 말이다. 그 당시 예술대학이기에 가능한 딱 떨어지지 않는 특수성이자 매력이기도 했다. 그렇게 교수님의 소개와 앞으로의 수업 진행에 대한 이야기를 마무리할 때쯤 교수님은 하나의 과제를 던졌다.

 '다음 수업에는 다들 타이즈를 좀 입고 왔으면 해.'

 이유를 물어볼 새도 없이 교수님은 마무리를 하고 나가셨다. 아무리 연기 수업이라고 이해하기에는 조금 의아한 상황이었다.

하나의 의상으로 퍼포먼스를 하려 하시나? 아니면 가지각색의 옷이 보기 싫으셨나? 그렇게 고민하다 위아래 타이즈를 구입했다. 바지 위에는 덧치마나 덧바지 같은 걸 입을 수 있었다. 하지만 딱 달라붙는 타이즈를 입는 순간 현실을 자각했고 적응이 안됐다.

그렇게 한 주가 지나고 돌아온 수업 시간. 연습실에 도착해서 타이즈로 갈아 입었고 다른 동기들도 하나둘 수업 준비를 했다. 당당하게 입는 동기들도 있었고, 입긴 했지만 아직은 그 위에 점퍼나 다른 옷을 걸친 동기들도 보였다. 지난 시간과 비슷한 의상을 입은 동기들도 있었다. 아예 안 올 것 같은 동기도 3~4명 정도 있었다. 수업 시간이 되고, 교수님이 도착했다.

'지난주 과제를 한 사람도 있고, 아닌 사람도 있네. 우선 다들 일어나 보자. 그리고 창가 쪽에 있는 사람부터 한 사람씩 집중해서 바라보는 거야. 순서는 내가 지목할 테니까 편하게 한 사람씩 20초씩만 바라보는 거지. 오래볼 건 없어 그냥 그 정도만 보면 되는 거야.'

그렇게 한 사람, 한 사람씩 바라보며 조금 민망해 한 친구들도 있었지만, 간간히 웃음도 나고 미소도 지어졌다.

'이제는 거울 한 번 보자.'

연습실에 마련된 전신 거울 앞으로 다가간 우리는 각자 자신의 모습을 바라봤다. 다가갈수록 멀어지고 싶은 마음, 쉽지 않은 타이즈 의상은 누군가에게는 별일 아니었지만 나를 비롯한 몇몇에게는 꽤 큰일이었다. 세상에서 가장 긴 30분이 지나고 다시 자리에 모였다. 그리고 던져진 질문.

'어땠어?'

'사실 저는 처음부터 별로 민망하거나 부끄럽지 않았습니다. 예전에도 입어본 적 있었고 오히려 편하거든요.'

'저는 사실 민망하고 싫었어요. 사실 오늘 수업을 올까말까 고민했을 정도로요. 오늘 안 온 친구들이 좀 이해가 될 정도로 말이죠.'

'전... 다른 것보다 왜 이걸 입으라고 하셨을까에 대한 생각 때문에 다른 생각을 못했어요. 뭔가 뜻이 있고 이유가 있으시겠지. 그게 뭘까? 하는 생각이요.'

이어진 교수님의 이야기

'우선, 다행이다 절반 이상이 수업에 나왔으니. 이전에 수업을 하면 어떨 땐 절반 이상이 수업에 안 온 적도 있어. 사람들이 바라보는 무대라는 곳에서 배우가 되겠다는 너희들의 첫 시간 의상은 대부분 트레이닝복이었어. 그 옷으로 무엇을 그렇게 가리고 보여주기 싫은지, 자유롭지도 자연스럽지도 않아 보였어. 나의 몸을 보고 바로 세우고 또 비뚤어진 곳이 어디인지 알고 다시 바라보고 서로 이야기도 하다 보면 무대 위에서 바른 자세와 당당한 시작을 할 수 있지 않을까?'

20년이 다 되어 가는 일이지만, 나 역시 강사로 활동하며 사람들에게 스피치를 가르치다 보니 문득 그날의 첫 수업이 떠올랐다.

우리 몸뿐만 아니라 마음에도 분명 가리고 보여주기 싫은 부분들이 있다. 그런 것들의 골이 깊거나 정도가 심할수록 사람들 앞에서 당당하고 자유롭게 서기 어려워진다. 자신만의 콤플렉스, 열등감으로 스피치 무대뿐만 아니라 삶의 무대에서도 당당하지 못하거나 조마조마한 사람들을 많이 봤다. 물론 사람마다의 상처나 열등감의 크기도, 깊이도 다르기에 타인인 내가 함부로 언급하긴 어렵다.

하지만 중요한 것은 가리려고 하거나 들킬 것 같아 조마조마하게 살수록 그 사람의 표정과 목소리는 불필요한 힘이 들어가거나 주눅이 들어 결국 그 사람만의 매력과 존재감이 보이지 않는다는 것이다.

스피치 무대에서도 마음의 타이즈를 당당히 입고 자신의 결핍을 마주하며 에너지로 만들어야 한다.

비쭉거리듯 입었던 20년 전 첫 타이즈, 이제는 마음의 타이즈를 입고 나답게 당당히 무대에 서자.

눈치 보는 게 많고, 감추는 것이 많을수록 집중 받는 것이 싫고 두려워진다. 그것은 결국 나의 표정을 굳게 하며 소극적인 나를 만들기도 한다. 직면하기 싫고 마주하기 싫은 것은 무엇인가? 조심스레 자신과 마주하고 당당해질 때, 마음의 타이즈를 입고 거울을 마주할 때, 비로소 가장 '나' 답고 당당한 '나'를 만날 수 있을 것이다.

가만히
있을 줄 아는
목소리에
힘이 있다

○ 안정감과 들을 줄 아는 힘

대학로에서 연극 연습을 한창 하고 있을 때의 일이다. '테이블 작업'이라고 불리는 대본 리딩과 분석이라는 것을 마치고 본격적으로 무대에 올라 연습을 할 때다. 내가 맡은 배역에 맞게 움직이고 조금씩 외우기 시작한 대사도 열심히 연습하고 있었다. 그렇게 나름대로 연습을 하고 있는데, 연출가 선생님은 연습을 멈추고 내게 어리둥절한 한마디를 건네셨다.

　'창균아, 넌 왜 무대에 발이 안 붙니?'

　그때 그 말을 처음 들었다. 발이 안 붙는다고? 난 분명히 두 발이 땅에 붙어 있었다. 무슨 말이지? 멀쩡히 무대에서 잘 걷고 움직이고 있는 사람에게 발을 붙이라니.

　'무슨 말씀이세요? 발 잘 붙어 있는데요?'

　'그래, 안 느껴지나 보네? 난 네가 공중에 떠다니는 것 같아.'

　계속해서 이해가 가질 않는 이야기를 하셨다. 단도직입적으로 쉽게 말해주던지 차라리 크게 혼을 내던지 하지 답답하다 못해 짜증까지 올라왔다.

　'죄송하지만, 무슨 말인지 모르겠습니다.'

　'네가 대사를 칠 때(배우들은 '대사를 한다'는 말을 '대사를 친다'라고 주로 표현한다.) 객석에 전혀 들리지가 않아. 그리고 넌 지금 어디서부터 어떻게 움직일지 몰라서 뻐끔뻐끔하는 금붕어 같아. 너 무대에서 불편하지

않아?'

뒤통수를 맞은 듯 했다. 사실 불편했다. 귀신같이 그게 보였나 보다. 무대에서 발이 붙는다는 의미는 안정적이고 편안하게 무대에서 걷고 존재하다는 뜻이다. 반대로 발이 안 붙었다는 것은 불안정하고 분주해 보인다는 말이었다. 불안정하고 분주한 호흡을 가진 상태에서 하는 모든 말과 행동은 관객에게 잘 전달되지 않는다.

무엇이 문제일까? 그날 이후도 혼란스러웠다. 왜 그런 건지 당최 이해가 가지 않았다. 미친 듯이 연습했고, 열정이 있었고, 누구보다 뜨거운 마음을 가졌다. 바로 그것이 나의 경쟁력이라고 생각했는데, 발이 안 붙는다니 정말 미칠 것만 같았다. 답답한 마음에 친한 형에게 고민을 털어놓았다.

'형, 연출 선생님이 그러시는데 저보고 발이 안 붙는데요. 무슨 말인지는 이해했는데 어디서부터 어떻게 풀어나가야 할지 모르겠어요.'

형은 그저 술만 마시며 내 고민에 대한 이야기가 없었다. 그렇게 한 시간 반 남짓한 시간을 보내고 자리를 뜨면서 그 형은 조용히 한마디 했다.

'창균아, 너한테 정말 필요한 게 뭔지 아나? 넌 활기차고 열정도 있고 항상 파이팅이 넘치잖아.'

'네.'

'그러니까 지금부터는 가만히 있는 법을 좀 배워. 넌 가만히 있는 법을 모르는 것 같아.'

조용히 담담하고 차분하게 자신의 이야기를 전하는 사람이 있고, 뭔가에 쫓기듯 분주하고 들떠있는 느낌으로 말하는 사람이 있다. 내용 정리가 안 되었거나 말할 내용에 대한 정확한 목표가 없는 경우에 그럴 수 있다. 하지만 기본적으로 호흡의 길이가 고르지 못하고 말도 빠르다면 무대에서는 더더욱 불안정할 수 있는 것이다.

연극을 그만두고 강사가 되기 위해 만난 선생님께 배운 것이 바로 산책과 명상이다. 삶의 무대에서도 강의를 할 때도, 말하고 대화할 때도 '두 발'을 붙이고 안정적이고 편하게 말하는 것이 필요했다. 이때 산책과 명상은 큰 도움이 되었다.

일주일에 최소 두 번씩은 집 뒷산에 올라 휴대폰을 끄고 조용히 산책을 한다. 걸을 때도 이런저런 생각대신 여유를 가지고 한 걸음 한 걸음 걷는다. 그렇게 20분 정도 걷다가 조용한 시냇가나 숲속이 나오면 잠시 눈을 감고 1~2분간 주변에서 들리는 소리에 집중한다. 얼굴과 어깨, 손가락까지 불필요한 힘을 빼고 편하게 들숨과 날숨을 반복한다. 그리고 천천히 눈을 뜨면 들뜬 마음이나 기분이 차분해지는 것을 느낀다.

열정도 중요하고 패기와 발전도 중요하지만 기본적으로 안정적인 호흡을 가지는 것이, 목소리와 스피치뿐만 아니라 삶에도 안정감을 주며 도움이 될 것이다.

노래를 할 때도 쉼표가 있어야 음표를 잘 소화하듯 말에도 숨에도 쉼이 필요하다. 쉼표 없는 말과 노래는 부르는 사람뿐만 아니라 듣는 사람들도 힘들어 진다.

또한 가만히 있는다는 것은 '들을 줄 아는 힘'이다. '경청'이 필요하다. '경청'이라는 말로 익숙해진 듣기 능력은 대화를 하거나 사람들과의 만남에서 상대의 말을 잘 듣고 가만히 귀 기울 줄 알아야 하는 것이다.

연기를 잘하려면 상대 배우의 대사를 잘 들어야 한다. 내가 말하기위해 내 대사를 자연스럽게 내뱉기 위해 내가 아닌 상대방의 대사를잘 들어야 하는 것이다. 상대방의 말을 기다리지 못하고 가만히 듣지못하면 내가 말할 타이밍만 계산하게 된다. 결국 일방적인 연기와 말로 어떤 힘도 공감도 자연스러움도 가질 수 없다.

 ●

열정도 좋지만, 안정과 편안함이 있는 사람에게 오히려 더 깊은 힘이 있다. 분주하고 들떠 있는 사람의 말과 표현은 불안함을 주며 스스로도 불편하다. 내 말만을 전달하고 상대를 설득시키려고만 하지 말고 가만히상대방의 말을 진심으로 듣는 것에서 좋은 스피치가 시작되는 것이다.가만히 상대의 말을 들어보자. 상대가 무슨 말을 하는지 상대가 어떤 마음인지에 관심을 가지고 듣다보면 내 이야기도 자연스레 할 수 있다.

무대가
두렵다면
꼭 돌아봐야
할 것들

○ 무대 불안증 해소

무대가 두려운 적이 있었다. 연극배우 시절에도 그랬고, 강사로 활동하기 시작한 초반에도 그랬다. 타고나길 활동적이고 말하는 것도 좋아하는 성향이라 걱정하지 않았는데, 막상 멍석이 깔리면 며칠 전부터 초조하고 불안해지는 것이었다.

연극배우였고 강사이기에 누구에게 쉽사리 얘기도 못했다. 뿐만 아니라 크고 작은 모임에서 간단한 자기소개나 질문을 주고받는 시간이 되면 괜히 떨리고 긴장이 되었다. 연극배우가 무대에 서기 전 초조하고 긴장된다면 당연히 매력적인 연기와 공연을 하기 어려울 것이다. 강의 전에 강사가 긴장하고 떨린다면 누구보다 스트레스가 가장 심할 것이다. 나중에는 이 일이 내 일이 아닌가 하는 의문과 자괴감까지 가져온다.

대학로 첫 연극을 할 때였다. 공연준비를 하고 드디어 첫 공연이 오르기 며칠 전부터 심장이 쿵쾅쿵쾅 뛰었다. 무대 공포증을 경험해 본 사람은 알겠지만 그냥 이유 없이 막 심장이 뛴다. 첫 공연이 올랐고, 결과는 만족스럽지 못했다. 60명 정도가 들어올 수 있는 작은 소극장에서의 공연이었는데, 너무 긴장한 나머지 표정은 굳어있고 대사에는 자연스런 호흡이 실리지 못했다.

이유를 생각해보면 몇 가지가 있었는데, 우선 완벽한 대사 숙지가 이뤄지지 못했다. 대사를 장악하지 못했던 것이다. 게으른 성향 탓에 잘하고 싶은 기대에 비해 작품에 대한 철저한 연습과 준비를 하지 못했다. 반복되는 암기로 그 대본을 최대한 장악해야 하는 데 그러지를 못했다. 평소 농담이나 즉흥적인 애드리브가 뛰어난 편이라 스스로를 인정하며 '이 정도면 됐지.'라는 습관이 나와 버린 것이다. 어떤 때보다 성실하고 철저히 대사와 무대에서의 움직임까지 숙지해야 했다. 잠을 자다가도 대사가 나올 정도로 연습하고 또 연습을 해야 했다.

50회 이상의 공연이 거듭되며 대사와 동선이 무의식적으로 움직여질 만큼 편안해져야 비로소 긴장도 부담도 사라졌다. 물론 경험과 반복도 중요하지만 스스로 만족할 만큼의 최선과 성실로 공연을 준비하는 습관과 태도가 우선되어야 하는 것이다.

강의도 처음엔 뭔가 막연하고 불확실하다 보니 긴장을 만들고 초조해졌다. 공연을 처음할 때와 마찬가지로, 강의를 위한 교육목적과 대상의 특징을 이해하고 빈틈없이 내용을 준비하고 정리하며 연습해야 한다. '강의 리허설'을 통해 자신이 해야 하는 다양한 스피치에 맞는 자신만의 리허설을 해야 한다. 머리로만 생각하고 자리에 앉아서 입으로 몇 번 중얼거리며 어설프게 연습하면 절대 안 된다. 실전처럼 철저히 연습해야 한다.

먼저 스피치의 목적을 정리한다. 목표를 처음부터 너무 과하게 설정하지 말자. 목적에 집중하자. 목표 설정은 자칫 무대 불안을 느끼는 사람에게 더 큰 부담을 준다.

예를 들어 취업준비생이라면 면접장 안에 들어가서 왜 자기소개를 하는지, 무엇을 전달하고 싶은지를 생각해야 한다. 막연히 '합격하려고', '합격하면 좋으니까'가 아니라 '나라는 사람의 장점과 그런 내가 이 회사에 왜 필요한지에 대해 전하는 것'이 중요하다.

강사라면 성공적이고 재미만 있는 강의가 아닌 '스피치를 통해 우리 삶에 미치는 긍정적이고 좋은 영향을 알려주는 것', '자신의 삶을 돌아보고 더 나은 말하기로 인간관계의 소통을 안내하는 것'에 집중하는 것이다. 내가 무엇을 왜 전달하고 싶은지에 대한 근본적인 목적을 세워야 한다.

그런 다음 목적에 맞는 강의안을 작성한다. 배우의 공연이라면 대본을 작성하는 것이고, 가수라면 악보를 그리고 가사를 쓰는 것이다. 스피치하는 사람은 자신이 무대의 극작가이자 작사가이자 작곡가가 되는 것이다.

물론 필요한 부분에 있어서는 코치나 주변의 유경험자로부터 코칭을 받을 수 있다. 다만 말하는 스스로가 무대에 서는 주체라는 것을 잊지 말자. 주체적인 자세를 가져야 힘 있는 스피치를 할 수 있다. 그렇게 자신의 목적과 주어진 시간에 맞게 자신만의 스피치 대본을 만들어야 한다. 말 하나하나를 다 써야 할지 대략적인 흐름 구성만을 만들지가 고민이라면 다음을 참고하자.

● 말하기 대본

첫 인사부터 모든 멘트를 하나하나 다 적어서 말하기 대본을 만드는 것이다. 이런 대본의 장점은 할 말을 눈에 보이게 문서로 다 적어놓기 때문에 할 말이 머릿속에 그대로 보인다는 것이다. 단점은 모든 것을 적어 놓은 만큼 다 외우지 못하면 오히려 더 불안하고 틀릴까봐 초조해진다는 것이다.

● 구성 대본

구성 스피치 대본은 모든 멘트를 다 작성하지는 않더라도 전체 흐름의 큰 단락들을 정리해 놓고 스피치 연습이나 실전에서 그 내용에 맞게 스피치를 해 나가는 것이다. 장점은 모든 말을 다 적어 놓지 않아서 그 구성 단락의 주제에 따라 자유롭고 편안하게 말할 수 있다. 단점은 자칫 그 단락에서 무슨 말을 해야 할지 몰라 부담스러울 수 있다.

사람에 따라 자신에게 더 적합한 방식이 있다. 누군가는 말하기 대본을, 또 누군가는 구성 대본이 필요하다고 느낄 것이다. 세 번째는 이 두 가지를 적절히 활용하는 방법을 소개하겠다.

첫째, 구성 대본부터 작성한다. 이때 반드시 전체 흐름과 틀이 머릿속에 있어야 한다. 그리고 구성 대본으로만 연습을 하는데 중요한 것은 '오프닝'이라고 불리는 첫 인사는 구체적인 말하기 대본으로 작성하는 것이다.

스피치 리허설을 시작할 때, 구성에 맞게 처음부터 말하고 진행한다. 단, 구성 대본으로 말하다가 막히는 부분이 있다면 그 부분은 말하기 대본으로 다시 정리하고 작성한다.

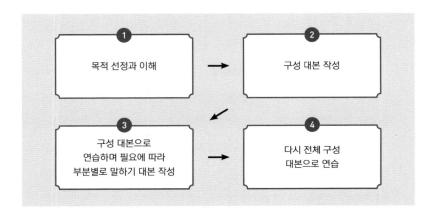

프레젠테이션 자료나 차트를 사용하는 경우에는 흐름에 따라 함께 연습한다.

무대에서 당당하게 스피치를 하려면 실질적인 준비와 정리, 리허설을 철저히 해야 한다. 그렇게 차곡차곡 쌓이는 경험치가 우리의 스피치 무대를 자유롭게 할 것이다. 이것은 매우 당연하지만 중요한 부분이다. 실질적인 대본 준비와 악보 준비, 숙지와 연습이 되지 않은 배우, 강사, 가수, 스피커의 무대가 어찌 좋은 무대가 될 수 있겠는가?

이런 철저한 준비에도 불구하고 무대가 불안하고 떨리고 초조하다면 다른 시각의 접근이 필요하다. 그것은 실질적 준비나 연습의 영역이 아닌 심리적이고 정신적인 부분에서 영향을 받는 가능성이 크다. 실제로 스피치 수업을 하다보면 준비되지 않았는데, 성향의 이유로 당당하고 또박또박하게 말을 잘 하는 사람이 있고, 준비도 잘 하고 잘 정리했는데도 불구하고 초조하고 불안함이 심해서 스피치를 망치기도 한다.

그 이유 중 하나는 '인정에 대한 집착 과잉'에 있다.

스피치를 하는 데 있어 전하려는 목적이나 메시지 전달에 집중하는 것이 아니라 그저 잘해서 좋은 결과를 내고 인정받아서 박수를 받고 칭찬받고자 하는 경우이다. 누구나 좋은 스피치를 하고 좋은 결과를 얻으면 좋겠지만 그건 나중의 몫이다. 그리고 박수는 관객들의 몫이다. 인정받으려고 집착할수록 결과는 더 나답지 못하고 인정받기 어려운 상황이 된다.

또한 나를 바라보는 청중의 표정이 모두 밝고 호의적이지 않을 수 있다. 그건 내 스피치의 영향보다는 그 사람의 기본 표정이 그런 것이다. 모두다 나에게 미소를 보내고 동의하고 찬사를 보내야 한다는 욕심에서 자유로워지자. 스피치를 하다보며 스마트 폰을 하거나 조는 사람도 있다. 스마트 폰을 본다면 지금 꼭 확인해야 할 급한 일이 있는 것이다 생각하자. 눈꺼풀을 감고 있다면 어제 피곤한 일이 있었던 것이다.

스피커로서 모든 책임을 청중에게 돌리고 억지 합리화로 두둔하자는 것은 아니다. 하지만 무대 앞에 서면 불안하고 두려운 당신이 꼭 챙겨 들어야 할 말이다. 10명 중 6명은 평범하게 잘 들을 것이고, 2명은 매우 좋아할 것이며, 다른 2명은 다른 행동을 하거나 심지어 나를 싫어 할 수도 있다. 이것은 스피치뿐만 아닌 인간관계와 삶의 무대에서 당당해지기 위해서도 꼭 필요한 부분이다.

꽃은 영업을 하지 않는다는 말이 있다. 기본에 충실하고 준비한 만큼 나답게 잘 전하고 얘기했을 때, 나만의 좋은 매력이라는 향기가 생기고 굳이 전하거나 알리려하지 않아도 그 향기는 사람들에게 저절로 퍼져 나가는 것이다. 나는 무엇에 집착하는지 또 왜 그러는지에 대해 돌아보는 시간이 필요하다. 스스로 당당해지자. 당당하지 못할 이유가 있다면 준비와 정리, 연습에 더 집중하자. 그것이 우리가 할 수 있는 최선의 방법이다.

끝으로 '셀프 오지랖'을 해결해야 무대에서 자유로울 수 있다.

오지랖은 사전적 의미로 '웃옷이나 윗도리에 입는 겉옷의 앞자락'을 일컫는 말이다. 옷의 앞자락이 넓으면, 몸이나 다른 옷을 겹으로 감싸게 되는데, 간섭할 필요도 없는 일에 간섭하는 것으로 때로는 상대에게 도움이 되기도 하지만, 오히려 불쾌하고 불편하게 만들기도 한다.

그런데 이 오지랖을 스피치 무대에서 굳이 자기 자신에게 펼치는 사람들이 있다. 예를 들어 다른 사람은 생각도 안 하는데, 자신의 외모에 대해서 필요 이상으로 '내 처진 눈을 보고 사람들이 이상하게 생각할거야.', '내가 살이 좀 쪘으니, 나를 뚱뚱하다고 생각할거야.',

'내가 키가 작으니 나를 볼품없다고 생각할거야.' 또는 '나는 지금까지 큰 인정을 받고 살아 온 적 없으니 나를 별거 아니라고 생각할거야.' 등의 다양한 셀프 오지랖들이다.

누가 뭐라고 하지 않았는데 스스로가 만든 그 부정적 프레임 안에 자신을 가두고 스스로 답답해하고 불안해하는 것이다. 물론 그것은 어릴 때 환경과 자라온 성장 과정에서 발생한 사건, 사연들로 형성될 수 있다. 하지만 그렇다고 그 안에 갇혀서 스피치와 그 외의 것을 엉망으로 만들 필요가 있는가?

다시 한 번 말하지만 당신이 그토록 집착하고 가리려 하는 그 셀프 오지랖에 대해 '다른 사람들은 관심이 없다.' 이왕이면 그 오지랖으로 더 좋은 것을 발견하고 긍정화 하는데 사용하자.

아직도 더 걸어가고 노력해야 할 것들이 분명히 있다. 하지만 앞서 이야기한 내용들을 돌아보고 반복하다 보면 비로소 당당하고 자연스러운 나만의 무대를 만날 수 있었다. 무대가 두렵고 초조하다면, 다시 한 번 여기서 이야기하는 내용들을 살펴보고 생각과 실천으로 옮겨보자. 당신은 충분히 당당할 수 있다. 내가 그랬듯이 말이다.

스피치 무대에서 당당하려면 우선 말하려는 내용에 대한 준비와 정리가 기본이다. 다만 그 내용에 대한 본질적 확신과 애정이 있어야 하며, 실질적인 숙지와 연습이 필요하다. 그래도 여전히 떨린다면 발표에 대한 과도한 인정과 성과에 대한 집착을 내려 놓자. 눈치 보며 겁먹지 말고, 본질에 대한 확신을 가지며 내 발표의 주인이 내가 되도록 하자.

강사가
아니라
배우였다

o 강의배우, 강사는 한 명의 배우와 같다

배우(俳優)라는 단어는 누구나 들어보았을 것이다. 카메라 앞이나 무대에 올라 연기를 하거나 목적에 따른 행위를 하는 사람을 말한다. 연극을 하는 배우라면 연극배우라 칭하고, 춤과 노래를 함께 한다면 뮤지컬 배우, 영화에서 주로 활동한다면 영화배우, 드라마에 주로 출연한다면 탤런트(드라마 배우)라 칭한다.

나는 강의를 준비하고 활동하면서 강연 무대와 강사를 준비하는 사람들과 수업을 하면서 강사를 '강의배우(講義俳優)'라는 하나의 영역이라 생각했다. 이 말은 그저 갖다 붙이거나 억지로 만든 신조어가 아니다. 연극의 3대 요소인 희곡(대본), 배우(자신), 관객(청중)이라는 점을 고려할 때 기본적으로 강의는 하나의 공연과 같은 구성 요소를 가지고 있다. 강사는 그 무대의 배우이다.

연극이나 뮤지컬 배우들이 엄청난 노력을 하고 쉽지 않은 일을 한다는 것을 알고 있다. 사실 어떤 면에서는 강의 무대를 준비하고 활동하는 강사 즉, 강의배우들도 일반 배우들과는 다른 노력이 필요하다. 대표적 요소들 중 실질적인 부분들을 다음에서 소개할 것이다.

● 자기 대본을 직접 작성할 수 있어야 한다
보편적으로 배우들은 이미 대본이 쓰인 작품을 분석하고 그 작품을 무대나 카메라 앞에서 실현한다. 때론 자신이 창작한 극을 스스로 연극 공연으로 올리는 배우들도 있지만, 보통은 기성 작품이나 작가가 쓴 작품을 연기하는 것이다. 전자의 경우건 후자의 경우건 상당한 노력을 요한다. 그러나 강사는 강사 스스로가 평균 2시간 분량의 자기 강연 대본이자 자기 교안을 작성해야 한다.

때에 따라서는 3~4시간 분량의 진행 교안을 작성해야 하며, 4~6회차, 10회차 전후의 프로그램 교안도 스스로 구성하고 작성해야 한다.

또한 내용은 교육적인 내용뿐만 아니라 자기 삶을 통과한 진정성 있고 흥미로운 내용들도 함께 해야 청중들과 소통할 수 있다. 그 대본을 철저히 연습하고 숙지해야 함은 두말할 나위도 없이 당연한 일이다. PPT나 키노트 같은 프로그램들이 진행을 도와주지만, 그 역시 별도의 프레젠테이션 구성과 사용 방법을 익혀 근본적으로 자기 대본을 철저히 연습해야 하는 것이다. 강사는 자기 콘텐츠, 지식, 경험과 다양한 이야기로, 목적과 주제에 맞는 강의안이란 대본을 직접 작성하고 수정하고 연습하고 숙지하는 작업이 우선적으로 필요한 것이다.

오프닝 멘트부터 시작해 주제 소개, 메인 내용, 에피소드, 주제 정리, 핵심 메시지 전달, 클로징 멘트까지 강의 목적, 주제, 취지, 청중의 특성, 주어진 강의 시간에 맞는 흐름과 이야기를 구성하는 것이다.

● 자기 강의를 연출을 할 수 있어야 한다

이미지 메이킹이란 말은 말 그대로 내 강의 무대에 맞는 의상, 구두, 시계부터 헤어스타일과 메이크업에 이르기까지 자신을 좀 더 신뢰감 있고 돋보이게 연출하는 것을 말한다. 물론 사람마다 강의 내용이나 느낌에 따라 평상복으로 편하게 입고, 헤어스타일 역시 부스스해도 무대에 설 수도 있다. 반드시 정답을 정해놓고 진리처럼 강요하는 건 아니다. 스티브 잡스처럼 정장이 아닌 검은색 터틀넥에 청바지와 운동화를 신은 모습을 연출할 수도 있다. 이는 사람마다 다를 수 있다. 하지만 그것 역시 한편으론 그 발표자의 의도이자 연출인 것이다.

보편적으로 사람들 앞에 서서 강의라는 것을 진행하는 사람은 기본 매너와 신뢰감을 줄 수 있는 의상과 이미지에 예의를 갖춰야 하는 것이다.

강의 무대에서는 기본적으로 깔끔한 정장과 잘 정리된 헤어스타일, 과하지 않은 메이크업(남성의 경우 BB크림 등으로 피부톤 정도는 정돈하면 좋다.) 그리고 강의 내용에 따라 조금씩 변화를 줄 수 있다. '전통놀이'를 강의한다면 계량한복이 어울릴 수 있고, 연극 강의를 한다면 딱 떨어지는 슈트보다는 재킷이나 셔츠에 청바지를 연출하면 좀 더 활동적이고 자유로운 느낌을 줄 수 있다. 플

로리스트나 화훼 관련 강의를 한다면 좀 더 밝은 색의 블라우스나 세미 정장풍으로 연출할 수도 있다.

그리고 이미지 메이킹은 누군가처럼 보편적인 질서와 예의를 알아감과 동시에 자신의 콘텐츠, 과목, 느낌, 성향에 맞는 색, 의상 종류를 알아가는 재미있는 자기 공부가 되기도 한다. 이렇게 자신의 강의 무대에 대한 특성을 이해하고 예의, 신뢰감, 매력을 줄 수 있는 이미지를 준비하고 적절하게 연출할 수 있어야 한다.

● 목소리 전달력과 자기 관리에 철저해야 한다

모든 사람들이 자신의 목소리와 건강을 챙겨야 하지만 특히 사람들 앞에서의 배우들은 자신의 목소리와 말하기에 더욱 신중해야 한다. 배우에게 신체는 재산이자 전달의 도구이기 때문이다. 강사 역시 마찬가지이다. 어쩌면 정해진 대사나 등장이나 퇴장이 있는 배우들과는 다르게 '강의'라는 공연이 시작되면 오로지 혼자 무대를 책임져야 한다. 기본적으로 전달력 있고 힘 있는 호흡 발성의 목소리가 훈련되어 있어야 한다.

말하기에 있어서도 내용 정리 숙지와 연습을 하며 명확한 발음과 이야기를 이끌어 나가는 진행력까지 노력해야 한다. '뭐 그렇게까지 어렵게 생각할 필요가 있을까?' 할 수도 있지만, 모두 자기 강연의 퍼포먼스와 공연력을 가지고 있다는 것을 알 수 있다.

또한 꾸준한 운동과 건강관리로 좋은 컨디션을 유지하는 것도 중요하다. 사람의 컨디션은 정신과 마음가짐에도 영향을 끼친다. 강사나 배우는 최상의 컨디션을 유지하며 무대에 섰을 때 좋은 결과가 나올 수 있다. 실제로 10년차 이상의 명강사들도 1주일에 2~3회 헬스클럽 등에서 자기 관리를 위한 운동을 하며, 식단 조절, 음주 관리, 피부 관리 등의 철저한 자기 관리로 자신과 무대를 관리한다. 누군가에겐 현실적으로 힘들 수도 있지만, 결국 자신의 철저한 관리와 관심이 최고의 무대를 만드는 것이다.

● 자기 돌아봄의 시간이 필요하다

우리가 알고 있는 '배우'라는 이름의 직업을 가진 사람들은 자기 자신의 몸과 존재를 활용하여 극중 인물인 캐릭터(배역, 성격)가 되어 작품 속을 살아가는 사람들이다. '나'라는 존재가 악당이 되기고 하고, 친절한 신사가 되기도 하고, 강인한 형사가 되기도 한다.

연극, 영화, 드라마, 뮤지컬 등을 포함한 대본과 작품 속에는 수십 수백까지의 배역이 있으며, 배우들은 그런 다양한 배역을 소화해 내기 위해 정말 많은 노력과 정성을 들인다.

배우들은 발음이나 발성 연습, 잘 울고 잘 웃는 감정 표현 훈련, 극중 인물이 되기 위한 배우들의 작품을 이해하는 작품 분석, 인물을 이해하는 인물 분석, 각 장면을 이해하는 장면 분석까지 나열한 모든 과정들이 필요하고 어느 것 하나 소홀히 하면 안 된다. 하지만 배우들이 가장 먼저 해야 하는 것은 바로 '자기 분석'이라는 시간을 가지는 것이다. 자기 마음을 돌아보고, 과거를 이해하고 또는 과거와 친해지는 시간을 가지는 것을 말한다.

다양한 배역을 소화하기 위해, 가장 먼저 선행돼야 하는 것은 자신의 마음과 삶을 돌아보는 것이다. '나'라는 사람의 외적, 감정적 특성을 알고 이해하고 마음을 돌아봐야 나 자신이라는 세상 하나밖에 없는 악기로 대본이라는 다양한 악보를 멋지게 연주할 수 있는 것이다.

그런 의미에서 이러한 자기 분석은 강사가 되려는 사람들에게 반드시 필요한 작업이다. 강사는 보통의 배우들보다 더 자신의 삶과 경험, 마음, 깨달음을 무대에서 말하고 다뤄야 하는 직업이기 때문이다. 자기감정에 지나치게 빠지지 말아야 하며, 때론 충분한 돌아봄과 치유의 시간까지도 필요하다. 하지만 사람의 말(강사의 말)에 가장 힘이 있을 때는 강의 주제에 맞는 자기 삶의 이야기를 할 때다. 그렇기에 강사에게 '자기분석'의 시간이란 매우 중요하고 소중한 시간이 되는 것이다.

그렇다면 자기분석이란 어떻게 시작하고 어떻게 접근해야 할까?

요즘은 꽤 많은 사람들이 알고 있는 자기성향 분석 프로그램인 MBTI나 성격 분석 프로그램인 애니어그램 등을 활용하여 자기 성향과 성격 분석을 할 수도 있다.

보통 배우 수업에서 자기 분석이란 나에게 계속적인 질문을 하고 답변하고 모둠 간에 공유하며 들어주고 대화하는 시간을 가진다. 다음의 질문들에 답해보는 것으로 시작할 수 있다.

- 나의 유년시절은 어땠나요?
- 나의 청소년기는?
- 20대의 삶은 어땠나요?
- 인생에서 가장 행복했을 때는?
- 가장 힘들었을 때는?
- 내 삶의 전환점이나 큰 변화가 있었을 때는?
- 내가 사는 이유는?
- 내가 생각하는 행복이란?
- 다시는 만나고 싶지 않은 사람과 이유는?
- 그 사람에게 하고 싶은 말은?
- 삶에서 가장 고마운 사람은?
- 가장 그리운 사람은?
- 나의 가장 큰 장점은?
- 가장 고치고 싶은 것은? (꼭 고쳐야만 하는가?)
- 내 성격의 특징은? (어렸을 때부터 쭉 그랬나요? 혹은 전환점은?)
- 나의 가치관은?

- 나의 소망은?
- 가장 기억에 남는 여행지는?
- 지금까지 수고하고 있는 나에게 해주고 싶은 말은?

강사라면 여기에 몇 가지 질문들을 더 할 수 있다.

- 내가 강의를 하고 싶은 이유는?
- 사람들이 내 강의를 꼭 들어야 하는 이유는?
- 주로 어떤 사람들이 들으면 좋을까?

이렇게 자신과의 문답을 하는 것이다. 때론 구체적으로, 어떨 땐 가볍게, 바로 답이 떠오르지 않으면 시간을 가지고 찾아보면서 고민해 보는 것도 좋다.

대학로의 한 극단에서는 70가지 이상의 질문사항을 두고 답을 찾아본 뒤 한 사람 한 사람이 말하고 듣고 공감하는 시간을 거의 두 달 여간 진행한다고 한다.

자기 자신을 돌아보고 알아감과 동시에 다양한 삶을 듣고 이해하며 배우로서의 정서적 확장을 하는 데 목적이 있다. 다양한 삶을 듣고 이해하는 것만으로 마음의 공간이 생기며 연기력에 상당한 도움을 주기 때문이다. 물론 질문들 중에는 매우 민감하고 감정적인 부분도 있기에 진행하는 선생이나 코치는 매우 능숙하고 따뜻한 마음을 필요로 한다.

이쯤 되면 앞서 언급한 자기 분석이란 딱딱한 표현보다는 '자기 만나기' 또는 '나와 만나기' 정도가 더 적당하지 않을까 싶다. 앞서 말한 다양한 자기 분석 프로그램과 자기 문답 질문 과정이나 자신에게 맞는 다양한 활동과 어울림으로 마음을 만나고 나누는 시간을 가져 볼 수 있다.

강의 대상이 누구라도 상관없이 강의 주제가 무엇이든지 간에 자기 삶의 이야기가 빠진 강의는 결코 좋은 강의가 될 수 없다. 이건 실제 전·현직에 있는 강사들과 강사 지망생들의 스피치 레슨을 하면서 실제로 듣고 경험한 내용이다.

학문적, 학술적 내용으로만 채우는 강의나 몇몇 특별한 목적을 둔 강의를 제외하고는, 청중들이 공감하고 진심으로 들을 수 있는 강의를 위해 자신의 마음을 이야기하자.

자신의 마음과 추구함, 경험이 빠진 강의를 반복해서 한다는 것은 강사 스스로도 의미나 재미, 자신의 강의에 대한 가치를 느끼지 못하는 딜레마에 빠질 수 있다. 직업이나 분야를 넘어 자신의 마음을 만나고 건강해지는 과정은 사람으로도 매우 귀한 시간이 될 것이다.

강의나 스피치는 내가 준비하는 한 편의 공연과 같다. 스피치를 하는 내가 내용을 전달하고 공연하는 한 명의 배우인 것이다. 무대에서 청중들을 만나는 강사라는 직업을 선택했다면, '나 자신'이라는 배우가 되겠다는 마음을 가져야 스스로 당당하고 더 나은 무대를 만날 수 있을 것이다.

3장

좋은
스피치는
소통이 있다

시선처리는
스킬이
아니다

○ 시선처리의 방법

연극과 스피치의 공통점은 많지만 다른 한 가지가 있다. 연극 공연을 할 때는 배역에 집중하고 그 장면 속 인물의 시선을 가지고 연기한다. 예를 들어 〈춘향전〉의 이몽룡이 춘향이를 발견하는 장면에서 이몽룡은 춘향이를 바라보고 또 무대의 정면 어딘가를 보면 된다. 〈로미오와 줄리엣〉에서 로미오는 줄리엣을 바라보고 객석을 바라 볼 때도 굳이 관객과 눈을 마주치지 않아도 된다. 그렇게 극중 인물로서 시선처리를 하면 되는 것이다.

그러나 스피치는 다르다. 스피치는 듣는 사람을 바라볼 줄 알아야 한다. 말하면서 듣는 사람들의 눈을 바라보고 그 눈에 나의 마음을 담아 이야기할 줄 알아야 한다. 단순히 '아이컨텍'이라 불리는 시선의 기술을 넘어 듣는 사람들(청중)과 교감할 줄 알아야 한다.

스피치에서 가장 중요한 것은 목소리와 말이다. 그러나 말을 할 때 가장 주목받는 곳은 얼굴이며 얼굴 중에서도 마음가짐이나 감정을 가장 많이 담는 눈이다. 시선은 내 마음을 전하는 통로와 같다. 간혹 시선처리가 어려운 사람들이 있다. 사람들을 정면으로 바라보고 대면하는 게 어렵다면 스피치에서 상당한 어려움을 겪는다.

수업에 찾아온 20대 초반의 남성이 있었다. 겉으로 봐선 '무슨 문제가 있을까?' 싶을 정도로 평범해 보였는데, 발표를 할 때마다 시선을 어디에 둬야 할지 몰랐다. 하늘을 본다던지 혹은 땅을 본다던지 하며 선이 불안했다. 한 곳에 안착하지 못하고 여기저기 눈동자를 돌기도 했다.

단순히 본인의 시선을 어떻게 사용하는지 모르는 사람이라면 현장에서 코칭을 받고, 비교적 빠른 시간 안에 좋아질 수 있다. 시선을 어디다 둬야 할지 몰랐기에 시선 사용을 알고 나면 청중들을 보면 되는 것이다. 그렇게 시선을 골고루 나눠주는 것, 소외된 곳이 없도록 하는 것이 좋은 시선의 시작이다.

여기서 이야기하고 싶은 것은 시선 '처리'가 아닌 시선 '나눔'으로 인식해야 한다는 것이다. 일반적으로 10~20명 전후의 인원이라면 이야기하면서 되도록 골고루 시선을 나눠주는 것이 좋다. 소그룹에서는 그런 시선 나눔 하나가 청중들과의 유대감, 집중력을 가지는 데 영향을 끼치기 때문이다. 인원이 많아지면 한 사람 한 사람 다 마주칠 수 없으니 앞쪽이나 중간쯤에 보이는 사람을 바라보되 전체 구획을 나눠서 구역별로 바라보는 것이 좋다.

다만 일반적 코칭으로 시선이 개선되지 않는다면 다른 접근을 해봐야 한다. 앞서 이야기한 20대 남성의 경우가 그랬다. 스피치 발표 이전에 앞에 나가서 사람들의 눈을 3~5초간 바라보는 연습을 했다.

상상해보라. 바라보는 사람들의 눈을 그저 바라보는 것. 누군가에겐 별 것 아닐 수 있지만 누군가에겐 상당히 별 것이다. 그는 계속해서 사람들의 눈을 바라보는 것을 어려워했다. 1~2초간 있다가 머쓱한 미소를 지으며 피해버리는 것이었다.

'사람들의 눈을 3초 이상 바라보는 게 어려우신거죠? 혹시 사람들 눈을 바라보고 있으면 어떤 느낌이 드세요?'

'글쎄요. 어색하고 뭔가 뻘쭘하다고 해야 할까요? 쉽지 않네요.'

'혹시 언제부터 그랬나요?'

'사실 친한 친구들이나 편한 사람들이랑 이야기할 때는 그래도 좀 괜찮은데, 잘 모르거나 친하지 않은 사람들이 무표정으로 저를 빤히 바라보고 있으면, 뭐랄까... 제가 평가받는 기분이 들고 계속 확인하게 됩니다. 그러다 보면 내가 잘못하고 있다는 생각마저 들면서 사람들 눈을 피하는 것 같아요.'

'네, 그럴 수 있죠. 많이 힘드셨을 거라는 생각이 드네요. 그럼 지금 수업을 함께 듣고 있는 분들에게 실제로 한 번 여쭤보죠. 이야기를 들으며 시선이 마주쳤을 때 어떤 생각이 들었는지 말이죠.'

그리고 다른 수강생들의 이야기가 이어졌다.

'글쎄요. 전 별 생각 없이 잘 듣고 있었는데요.'

'솔직히 말씀드려도 되나요? 저 분 얘기하고 있을 때 수업 끝나고 뭐 먹을까 생각하고 있었어요.'

'눈을 좀 바라봐 줬으면 좋겠다. 그냥 그런 생각하고 있었어요. 나를 좀 봐주면 좋겠다는 생각을 했어요.'

듣는 사람들은 대부분 특별한 생각을 하지 않는다. 그들은 나를 공격할 마음도 없고 평가할 마음도 없다. 그냥 듣고 있다. 정말 그저 듣기만 한다.

그래서 이번에는 사람들을 바라볼 때 그냥 눈만 보지 말고 속으로 '반갑습니다~'라고 속마음으로 인사하며 바라보는 연습을 했다. 이 때 듣는 사람도 눈과 표정으로 그 인사가 느껴지면 다시 속으로 '네, 반갑습니다~'하고 밝은 눈빛을 건네 보는 것이다.

처음엔 어색할 수 있다. 한 사람 한 사람 그렇게 시선을 바라보고 나눠도 별 문제 없다는 마음이 중요하다. 이를 반복하고 스피치에 적용하면 시선으로부터 조금씩 자유로워 질 수 있다.

그의 경우 지방에서 올라와 자취생활을 하며 마음대로 풀리지 않는 취업과 꿈, 대학을 가지 못했다는 열등감이 자신감을 떨어뜨렸다. 그런 마음을 간직한 채 스스로를 개발하려 스피치 수업에 참여했지만, 뭔지 모를 어색함과 열등감, 주눅이든 마음이 사람들의 시선을 바라보는 데 작용했다는 것이다.

시선이 당당해지려면 스스로 떳떳해야 한다. 내가 잘 나서 완벽해서 떳떳한 것이 아니다. 모자란 건 모자란 대로, 아팠던 것 아팠던 대로, 못하는 것은 못하는 대로 인정하고 말하며 있는 그대로의 삶과 이야기로 떳떳해지는 것이다. 그리고 사람들이 나를 바라보는 시선에 불필요한 오해를 하지 말고 그저 내 마음과 이야기에 집중한다고 생각하길 바란다. 나를 바라보는 사람들의 생각은 그렇게 복잡하거나 무섭지 않다.

자칫 엄했던 아버지나 어머니, 억압된 유년생활이 바라보는 시선을 오해하게 만들고 겁먹게 만들 수는 있다. 하지만 분명한 것은 우리가 말하기 위해 서게 될 무대를 바라보는 사람들은 대부분 호의적이거나 별 생각 없거나 또는 그 사람만의 바쁜 생각을 하고 있을 것이다.

지금을 살아가는 사람들에 대한 따뜻한 마음을 가지자. 그들도 나 못지않은 고민과 아픔, 갈등이 있을지 모른다. 함께 어울리고 또 나누는 것, 그것이 바로 스피치이고 시선의 출발점이다.

내가 가진 생각과 마음에 확신을 가지고 사람들과 눈빛으로 이야기를 나눈다고 생각하며 한 사람당 1~2초씩 가벼운 미소와 함께 눈빛을 나누자. 소외된 곳이 없도록 골고루 눈빛을 나누자. 일상에서도 주변 이웃이나 승강기에서 만나는 사람들에게 잠시라도 눈을 보며 인사하는 연습을 해보자. 그 마음과 연습들이 모여 나의 스피치 시선에도 긍정적인 힘과 좋은 느낌을 더해 줄 것이다.

가르치려는 마음

vs

만나려는 마음

o 듣고 싶은 말하기를 위한 자세와 태도

소그룹을 수업을 하다 처음 강의의뢰가 들어왔는데, 군복무중인 의경들을 위한 강의였다. 의경 출신으로 몇 년 앞서 사회에 진출한 선배로서, 또 '스피치와 목소리'라는 주제가 필요한 20대 초중반의 청년들에게 적합한 시간이 되리라는 생각에 즐거운 마음으로 강의를 준비했다. 첫 강의라 긴장도 되고 어떤 것을 말해줄까 고민하면서 준비를 했다.

　강의 당일, 장소가 경찰서라 그랬던 걸까 왠지 더 긴장되고 떨렸지만 기도도 하고 이런저런 좋은 생각들을 떠올리며 강의장에 들어섰다. 강연장에는 의경 60여명이 모여 있었다. 드디어 무대에서 강의를 시작했고 그간 배우고 정리한 내용들을 열심히 전달했다. 그런데 강의를 하며 듣는 의경들의 표정은 예상보다 무거웠고, 반응도 거의 없었다.

　지금도 생생히 떠오를 만큼 그날의 충격은 상당했다. 강의를 마치고는 서둘러 강의장을 빠져나왔던 기억이 난다. 며칠간 머릿속에 가득했던 생각은 '강의는 아닌가 보다. 아... 내가 생각했던 첫 무대는 이런 게 아니었는데...' 실망과 후회가 밀려왔다.

　그러다 내가 놓친 게 무엇이었을까를 곰곰이 생각했다. 내가 하고 싶은 강의와 무대에 서고 싶었던 이유를 말이다. 누군가에게 무엇을 전하는 것 그리고 교육을 한다는 것은, 무엇을 가르친다는 것이다.

그러나 그 전에 반드시 필요한 것이 있다. 바로 사람 대 사람으로 만나려는 마음이다. 처음 선생님을 만나고 감동했던 이유, 적은 인원의 소그룹에서 성공적으로 수업이 이뤄진 이유는 바로 가르침이나 교육이 아닌 자신의 경험들을 나누고 진심을 이야기하며 서로를 만난다는 마음이 먼저였기 때문이다.

　만난다는 것은 선생님, 강사, 교육자가 아닌 서로 나누고 공유하는 마음이다. 다시 그때로 돌아간다면 의경 후배들에게 스피치의 원칙과 말 잘하는 법을 설명하기 보단 '배우의 꿈을 꾸다가 강사로 전향하게 된 계기', '자신감 없던 나의 마음과 실수담', '군생활 때의 추억', '여전히 불안한 마음과 그것을 다잡는 나만의 힘', '속상하고 아팠던 나의 20대'에 대해 이야기하고 싶다. 강의 목적에 따라 구성은 달라지겠지만, 목적이나 취지를 바꿔서라도 그런 만남의 이야기들을 전해주고 싶다.

　그 첫 강의의 후유증으로 한동안 강의를 못했다. 그러다가 다시 나만의 이야기를 전한다 생각하며 용기를 냈다. 아니 다시 도전했다.

　그로부터 두 달 뒤 대학생들을 대상으로 하는 강의를 진행했고 아쉬워하던 부분을 채워가며 그들의 눈을 일일이 바라봤고 사람 대 사람으로 마주했다. '성공적이다'라는 표현보다는 '좋았다'라는 표현이 잘 어울리는 강의였다.

　사람들은 교육과 이야기를 모두 원한다. 이야기 속에 주제를 가지고 말하다 보면 교육의 효과는 자연스럽게 따라온다. 이야기라는 단어의 대표적 어원 중에는 '이약(耳藥)'이라 부르며 '귀로 듣는 약'이라는 뜻을 가지고 있다고 한다. 〈춘향전〉에서 단 한 번도 '진정한 사랑을 하세요?'라고 말하지도 설명하지도 않지만, 공연이 끝나면 진정한 사랑에 대해 생각할 수 있는 여운을 전한다.

어렸을 적 할머니의 이야기와 경험담은 우리를 집중시키고 흥미를 유발하였다. 재미와 의미도 있었다. 할머니, 할아버지가 해주셨던 6.25때의 이야기는 아직도 머릿속에 생생하다. 과연 할머니, 할아버지가 스피치를 배워서 그렇게 이야기를 재미있게 했을까? 그저 손주를 사랑하는 마음과 자신의 이야기를 고스란히 전해주고픈 마음에서 시작된 이야기로 세상 최고의 스피치를 하신 것이다.

만남은 자신의 진짜 마음의 이야기를 전하는 것이다. 자신의 이야기를 전하기 위해서는 돌아봄이 필요하고, 자존심을 넘은 건강한 자존감이 필요하다. 진심을 이야기하는 것이 좋다고 속 이야기를 이야기하고, 자신의 과거를 이야기하며 삶의 여기저기를 다룬다는 것은 쉽지 않다. 단순히 방법론적으로만 접근하면 위험을 초래할 수도 있다.

이때 필요한 것이 바로 소명이라는 것이다. 좀 거창하게 들리겠지만 이것은 매우 중요한 스피치의 요소이자 근본적 힘이 된다. 목소리라는 영어 단어 'Voice'의 근간인 'Vocation'이 일컫는 천직, 소명처럼 힘있고 좋은 목소리에는 자신이 가진 소명이 있고, 하려는 말과 이야기에 대한 뜨거움이 있다.

누군가는 '뭐, 그렇게까지 깊이 생각해?'라고 말하기도 하지만, 시간이 지나면 다른 사람들의 반응보다 스스로 떳떳하고 보람된 삶이 무엇인지 의미 있는 스피치와 무대가 무엇인지를 알게 될 것이다.

머리에서 시작되는 말은 머리에 전달되고 마음과 가슴, 삶에서 시작된 이야기는 귀와 눈을 통해 마음으로 전달된다. 그러기 위해 다음의 몇 가지 질문들에 대해 돌아보고 답해보자.

- 스피치를 잘하고 싶은 이유는 무엇인가요?
- 굳이 떨리는 무대에 서야 하는 이유는?
- 내 삶이 변화한 시점이나 사건은 무엇인가요?
- 사람들에게 꼭 전하고 싶은 말은? 왜 그 말을 전하고 싶나요?
- 듣는 사람들은 관객, 수강생, 학생이기 이전에 동시대를 살아가는 고민과 아픔, 희망을 품고있는 사람들이라는 것을 알고 있나요?

가르치려 하거나 선생인 척 힘주어 말하며 거들먹거리는 목소리를 좋아하는 사람은 없다. 스피치의 매력적 힘은 말하는 사람의 이야기와 호감에서 시작된다. 불필요한 힘은 빼고 사람 대 사람으로 만나도록 노력하자.

스피치 같은
스피치
vs
대화 같은
스피치

전문 쇼호스트들과 수업을 한 적이 있었다. 이름만 대면 알만한 대기업 홈쇼핑의 쇼호스트라서 처음에는 의아했다. 전문 쇼호스트라면 기본적으로 스피치 능력과 좋은 목소리, 거기에 여러 가지 경력이 있는데 굳이 수업을 들으려는 이유가 무엇일까? 마침 수업 전 교육 담당자들과 회의를 하며 교육 목적에 대한 이야기를 들었다.

'시청자, 소비자들과 소통하는 쇼호스트가 될 수 있도록 교육 부탁드립니다.'

소통하는 쇼호스트, 많은 의미와 코칭 포인트들이 있었기에 광범위하긴 했지만 어떤 의미인지 이해할 수 있었다.

첫 수업이 시작되었고, 젊고 멋진 쇼호스트들이 강의실에 한 명씩 도착하기 시작했다. 늘 그렇듯 수업 전에 미리 도착해서 가볍게 대화도 주고받고 친해지는 시간을 가졌다.

'식사 하셨어요?'

'네~ 강사님은요?'

'네~ 오는 길에 먹고 왔습니다.'

'아, 아쉽다. 다음엔 저희 회사 식당에서 드세요. 가성비 엄청 좋아요.'

'다음엔 꼭 그렇게 할게요. 식당 소개 감사합니다.'

그렇게 일상적이고 평범한 대화들이 오간 뒤 본격적인 수업이 시작되었다. 나의 소개, 강의 진행 이유와 강의 개요를 소개하고 '이 수업이 있다고 했을 때 어떤 생각이 들었나요?'로 시작된 대화형 강의를 진행했다.

수업 전 대화를 나눴을 때처럼 본인들의 다양한 생각들을 듣고 묻고 답하며 자연스럽게 이야기들이 이어졌다.

그리고 이어진 자기 소개 스피치. 몇 년차인지, 어떻게 쇼호스트가 되었는지, 자신이 좋아지고 싶은 부분은 무엇인지 등에 대해 2~3분간 발표하는 것이었다. 한 명 한 명 개인 스피치를 하는데 이상한 현상이 벌어졌다. 수업 전에 대화하고 묻고 답하며 이야기할 때는 자연스러운 말이 자신에게 집중되기 시작하니 갑자기 톤이 올라가고 이야기 내용과 맞지 않는 웃음을 지으며 스피치를 하는 것이었다.

사실 나도 홈쇼핑을 즐겨보는 시청자의 한 사람으로, 쇼호스트라는 직업의 특징을 알고 있기에 어느 정도 이해는 되었다. 하지만 '소통하는 쇼호스트'라는 전제하에 생각해보면 썩 좋지 않은 모습이었다. 그렇다면 지금까지의 틀을 깨는 과감한 도전이 필요했다.

'한 분 한 분의 이야기 잘 들었습니다. 그런데 다시 한 번 이야기해봅시다. 대신 듣는 대상을 시청자나 다수의 고객이 아닌 친한 언니나 친구에게 이야기한다고 생각하고 말해 볼게요. 쇼호스트가 아닌 사람 대 사람으로, 친구에게 말하듯이 해보는 거죠.'

다들 고민에 찬 표정이었다. 다시 시작한 자기소개 스피치에서는 뭔가 어색하고 마음대로 되지 않아 힘들어 하는 모습까지 보였다.

그래도 조금씩 느낌을 잡아가고 천천히 친구나 가족에게 말하듯이 스피치를 시작했다.

그렇게 매시간 쇼호스트라는 직업을 넘어 사람에게 말하듯 스피치하며 수업이 진행됐고, 주제 역시 상품 설명이나 안내가 아닌 가장 좋아하는 음악, 가장 감사했던 일, 속상했던 일, 오늘 나의 기분이라는 주제로 스피치했다. 주제가 바뀌면서 목소리와 말하기는 훨씬 자연스럽고 친근감 있게 바뀌어 갔다. 전문 직업인의 말투가 아닌 '나'라는 사람이 편하게 생각하며 이야기를 하다 보니 훨씬 유연해지고 편안했다.

말처럼 하는 스피치가 있고, 스피치처럼 하는 스피치가 있다. 어떤 직업적 프레임 안에 들어가서 그 특유의 말투를 구사하다 보면 그 말투가 전문가인 것처럼 착각하는 것이다.

시대가 바뀌었다. 심지어 종교 지도자들도 이젠 소통형 말하기를 한다. 스님도 근엄하고 무거운 느낌보다는 친근감 있는 목소리와 표정으로 대중을 만나고 있고, 목사님도 특유의 목소리 톤을 버리고 설교를 하면서 대중들은 그 진리를 더 잘 받아들이고 공감하는 시대가 된 것이다.

아무렇게나 질서 없는 목소리를 내도된다는 것이 아니라 전문가처럼 보이려고 그 직업처럼 보이려고 목소리 연출을 과하게 하는 것은 주의하고 자기 스스로 편안한 목소리로 스피치를 하라는 것이다.

통신사나 다양한 콜센터 상담원들의 목소리도 요즘은 상당히 친근감 있고 완화된 것을 볼 수 있다. 예전에는 마치 로봇처럼 자신의 진짜 목소리를 전혀 사용하지 않고 그저 외우고 연습한 대로 빠르게 말하기에 바빴다. 그러나 이제는 좀 더 진정성 있고 편안한 목소리로 바뀌고 있다. 아니 그렇게 바뀌지 않으면 상담과 소통에 문제가 생긴다는 것을 인지했기 때문이다.

소통형 목소리라는 것은 나 자신의 진심과 듣는 사람들을 바라보는 시선에서 시작된다. 진심도 없고, 듣는 사람을 바라보는 마음도 없으면서 비뚤어져 있다면 목소리도 비뚤어져 나온다. 그것은 누군가를 위한 듣기 좋은 목소리를 만들자는 것이 아닌 스스로가 편하고 즐거운 스피치를 할 수 있도록 만들기 위한 것이다. 모든 것이 즐겁고 편하기만 할 수는 없지만 자신의 목소리로 말하며 사람을 생각하는 것이어야 한다.

때론 몰라서 혹은 나만의 무언가를 지키기 위해, 멋지게 보이려고 하는 목소리와 스피치가 아닌, 진짜 '나'로 서는 무대를 만나보자. 당신의 있는 그대로가 가장 아름답고 멋지다는 것을 알게 될 것이다.

특정한 말투로 스피치하는 것이 아닌, 가족이나 친구에게 이야기하듯 말해보자. 전문성은 목소리에도 묻어나지만 무엇보다 친근하고 자연스럽게 말하는 것에도 묻어난다. 자연스럽게 이야기하고 대화하듯 스피치를 해보자. 듣는 사람들이 훨씬 집중하고 호감을 가질 것이다.

유머라는 것의
이해

o 스피치의 유머

어렸을 적부터 사람들과 어울리는 것을 좋아했다. 사실 그 누가 따분하고 지루한 것을 좋아하겠냐만은, 좀 심하다 싶을 정도로 장난기가 심했고 친구들끼리 모이면 뭐하고 놀지 어떻게 하면 재미있을지에 대한 생각뿐이었다.

초등학교 3학년 때였다. 친구들이 모이면 노래도 부르고 게임도 하고 서로의 이야기로 3~4시간은 그냥 지나갔다. 부모님께는 죄송하지만 공부보다는 노는데 힘을 다 빼고 다닌 것 같다. 중학교나 고등학교에서도 마찬가지였다. 어떻게 하면 재미있을까? 어떻게 하면 웃길까? 로 머릿속을 꽉 채웠다.

어른이 되어 다시 만난 친구들 말로는 그 정신으로 공부를 했으면 분명 서울대를 가고도 남았을 거라고 말할 정도니 말이다. 20대에 방황하며 힘들었던 기억은 있지만, 강사를 시작하면서 학창시절의 유쾌함을 찾은 걸 보면 늘 그런 기운이 흐르고 있긴 한 것 같다.

특히 유쾌함과 재미는 강의를 할 때 상당히 요긴하다. 무조건 필요하다는 것은 아니다. 다만 짜장면엔 단무지가, 설렁탕엔 깍두기, 피자에 피클이 필요한 정도로 생각하면 좋겠다. 사람에 따라 없어도 괜찮다 할 수도 있겠지만 사실 있으면 좋지 않은가?

삶에 있어서도 스피치에 있어서도 유머를 가진다는 것은 단순이 좀 웃기는 사람, 장난 좀 칠 줄 아는 사람을 넘어 중요한 자신의 경쟁력이 된다. 스피치 수업을 듣는 사람들 중 많은 사람들이 재미있게 말하고 싶어한다. 말 사이사이 적절한 위트와 유머를 섞은 재치를 원하기도 한다.

앞서 이야기한 나의 어린 시절을 돌아보면 타고 난 것이 아니냐 물을 수도 있다. 모자란 부분이 많지만 일정 부분은 타고난 것이 맞다. 하지만 초등학교 3학년 이전 나의 모습은 소심하고 눈치 많이 보는 주눅이든 아이였다.

맞벌이를 하던 부모님은 내가 3살이 되던 해부터 7살 때까지 전라도 시골에 있는 할머니 댁에 맡기셨다. 어린 시절 엄마의 사랑을 그리워하다 부모님의 집으로 돌아온 나는 다시 헤어질까 두려워 늘 불안했다. 할머니의 사랑은 지나칠 만큼 따뜻했고 여전히 감사하지만, 어린 나에게는 엄마, 아빠 품이 더 그립고 애절했을지도 모르겠다.

그러다 부모님을 재미있게 해드리고 싶어서 노래를 준비하고, 익살맞은 표정을 지었다. 부모님이 웃으며 칭찬해주는 것이 좋았다. 그래서 자연스럽게 유머가 생겨난 것이 아닐까 싶다. 그때부터 누군가를 즐겁게 만들고 싶은 마음이 시작된 것 같다.

사실 유머라는 것은 겉으로는 그저 웃기고 재미있는 모양새로 보이지만, 그 안을 들여다보면 결핍에서 시작되는 것일지도 모른다는 생각이 든다. 선천적으로 재미있고 유머러스한 사람도 있겠지만, 나처럼 사랑받고 싶은 목마름에 유머가 생긴 사람도 있다.

특이한 행동을 하면 사람들이 웃고, 친구들끼리 모여 곧잘 우스갯소리로 분위기를 이끌었다. 가끔 웃기지도 않는 이야기를 하면 짜증 내던 친구들의 반응까지 관심이라고 생각하며 즐거웠다. 이런 결핍이 결국 '세상과 사람에 대한 관심'으로 옮겨갔다.

다음은 유머를 가질 수 있는 몇 가지 방법을 소개하고자 한다.

첫째, 자신의 욕구와 갈증에서 시작된 '관심'이 있어야 한다. 그저 재미있게 말하는 몇 가지 방법, 기술적인 몇 가지만 익혀도 만족한다면 그렇게 해도 된다. 그러나 자신이 절실히 전달하고 싶은 이야기가 있고, 무대에서 소통하고 싶은 욕구와 사람들을 잘 만나고 싶은 갈증이 있어야 한다. 그리고 그런 마음이 있어야 배울 수도 있다.

세상에, 사람들에, 나의 마음과 지금 환경에 관심을 가지고 관찰하고 유심히 들여다 보자. 놀랍게도 그 속에는 이미 유머가 있고 갖가지 소재들이 넘쳐난다. 여기서 찾아낸 유머의 소재는 시간이 지나면서 자연스럽게 자신만의 색과 안정감으로 다듬어 가고 정리해 가는 것이 중요하다. 너무 들뜨거나 번잡하지 않게 말이다.

둘째, 유머러스한 사람과 자주 어울려야 한다. 서울의 맛집을 알고 싶으면 맛집을 많이 아는 친구와 한 달만 어울리면 웬만한 맛집은 기본적으로 습득할 수 있다. 몸이 좋아지고 싶으면 운동 좋아하는 친구를 사귀면 된다.

필요에 따라 사람을 만나는 게 쉽지 않고 진정성이 떨어져 보일 수 있다. 하지만 인간은 좋아 보이면 닮아가고 복제하는 능력이 있기에 글과 이론보다는 사람과 어울리고 만나면서 자연스레 그 부분들을 닮아갈 수 있다.

내가 닮고 싶은 사람은 부모님이었다. 엄청나게 재미있는 분들은 아니지만 어머니는 늘 장난기가 있었고 이야기하는 것을 좋아했다. 밖에 나갔다 오면 재미있었던 이야기를 들려주셨다. 아버지 역시 그리 웃긴 캐릭터는 아니셨지만 초등학생 때 따라간 아버지의 모임에서 우스갯소리하는 모습이 지금도 생생하다.

끝으로 많이 알아야 한다. 심오하고 깊이 있는 지식까지는 아니더라도 사회이슈, 화제의 사건, 정치, 경제, 트렌드, 심리학, 연기 등을 어느 정도 이해하는 지적 수준이 뒷받침 되어야 한다.

개그맨들이나 재미있는 강의로 유명한 강사들을 보면 그들의 유머에는 사회 전반을 빗대는 해학이 들어 있다. 즉흥적인 감각이나 순발력도 중요하지만 흐름에 따른 적절한 유머는 결국 기본 지성이 뒷받침 돼야 하는 것이다.

좋은 유머는 외적 퍼포먼스나 표정에만 머무르지 않고 이야기의 흐름 안에서 자연스럽게 묻어난다. 그리고 자신만의 이야기와 색깔 속에서 자연스레 묻어나는 유머야말로 스피치와 삶에도 득이 되며 확실한 소통의 도구가 된다.

유머의 본래 뜻은 '웃기다, 재미있다'가 아닌 라틴어 'Human'에서 비롯되었다. '흐르다 또는 예상치 못한 놀라움'이란 의미를 가지고 있다.

유머는 기술로 접근하고 배우기보다는 사람들과 좋은 흐름으로 만나며 자연스레 변화를 주는 요소라는 점을 명심하자. 흐르는 삶과 이야기, 나만의 느낌을 담은 유머러스한 스피치는 당신의 삶을 변화시킬 것이다.

누군가처럼 웃기는 기술을 배우는 것도 중요하지만, 나의 재미있는 경험을 이야기하면서 자신만의 유머를 만날 수 있다.

바닥에
소통이
있었다

o 자존심의 목소리 vs 자존감의 목소리

강사이자 코치로 활동하면서 가장 많이 한 것은 강의 준비와 스스로에 대한 공부지만, 다른 한편으로 노력한 것은 다른 강사들의 강의와 스피치를 보면서 분석하고 적용한 것이었다.

　또한 일상생활을 하면서도 대인관계에 문제가 생기거나 심각한 스트레스를 받을 만큼 사람들의 말하기와 목소리 표현이나 특징에 집착하고 관찰하는 습관이 생겼다. 흔한 말로 '오지랖'인데, 쓸데없이 간섭하고 사람들의 말, 목소리, 표현에 대해 원치도 않는 코칭이 불쑥불쑥 나오는 것이었다.

　다양한 분야의 전문 강사들을 관찰하고 분석하면서 느낀 공통점이 있다. 청중들이 편안함을 느끼고 소통하고 있음을 마음으로 느낀다는 것이다. 그것은 자신이 돋보이려 애쓰거나 잘난 척하지 않고 자기 마음을 내려놓고 스스로 바닥까지 낮아지는 것이었다. 높아지려 하거나 돋보이려 할수록 낮아지고 돋보이지 못하며, 오히려 낮아지고 겸손할수록 더욱 많은 사람들과 소통하며 좋은 전달력을 가지게 된다.

　여기서 생각해 볼 것은 소심해보이거나 자신 없어 보이는 모습을 보이거나 작은 목소리로 연기하라는 것이 아니다. 스피치하는 사람은 무대에 선 이상 자신 있고 당당하게 말하며, 목소리도 잘 들려야 한다. 다만 '나는 강사'라는 마음으로 거들먹거리거나 허세를 가지지 않는 마음가짐과 자세를 말하는 것이다.

어떤 강의나 스피치를 들었을 때, 집중하고 마음을 열게 되었는지를 돌이켜 보자. 물론 나에게 필요한 정보에 집중하겠지만 우리가 마음을 열게 되는 때는 그 사람의 아프고, 괴롭고, 어렵사리 꺼내는 사연을 듣고 공감할 때이다.

나 역시 처음 강의할 때는 목에 힘을 주고 조금이라도 있어 보이는 단어 선택을 하려 노력하면서 아등바등 스피치를 할 때가 있었다. 이유는 간단했다. 멋지다고 생각하는 '무엇'처럼 보이고자 하는 마음이 컸기 때문이다. 혹자는 그것을 자존심이라 칭하며, 자존심 스피치라 부른다. 진짜 멋짐을 오해하고 있는 것이다. 단어 선택이나 스피치의 문장들과 그 사람의 목소리, 말하는 뉘앙스를 통해 인정받고 돋보여 박수 받고 싶었다.

전직 배우라는 여운이 마음에 남아 있다 보니 주목받고 싶은 마음과 어느 한 부분도 무시 받기 싫은 마음이 나의 목소리와 눈빛, 몸과 마음에 불필요한 힘을 만들었다.

자존심의 목소리는 대부분 열등감에서 출발한다. 말하고 싶지 않은 내용으로 나를 낮게 보거나 무시할 것만 같았다. 내 스스로의 결함이나 결핍이라 생각하는 것들을 마음 속 한 편에 숨기고 그것을 지키려 꽁꽁 무장해도 결국 그것은 그 사람의 스피치와 표현에 그대로 묻어난다.

나는 어머니의 사랑에 대한 결핍과 학력 콤플렉스가 대표적인 열등감이었다. 그것을 숨기려 필요 이상으로 장난을 치거나 밝게 말하고 행동하며 들떠 있었다. 그 열등감이 남들에게 밝혀질까 봐 두려워하고 경계하다보니 말이 겉돌고 목소리가 들뜨며 청중들과 소통하지 못했던 것이다.

그러다 무언가 잘못되었다는 생각을 들었고, 조금씩 내 이야기를 시작했다. 그때부터 사람들이 집중하고 공감하는 것을 느낄 수 있었다. 용기내어 마음을 열고, 바닥부터 이야기할 때 사람들도 마음을 열기 시작한다. 그때부터 진짜 이야기가 시작된다. 사람에 따라 상처와 아픔의 농도가 다르고 언급하기조차 힘들 수도 있다. 하지만 아프고 힘들고 속상했던 것도, 부끄럽고 꺼내기조차 싫은 것도 소중한 내 삶의 일부분이다.

다행히 그 시간과 시절을 지나 지금의 내가 있기에 아프고 부끄러웠던 시간들 뒤로 숨는 것이 아니라 무대 앞으로 한 발자국씩 나와 당당히 그리고 겸손히 이야기하는 것이다.

우리가 열광하고 좋아하는 스피커들은 대부분 자기 삶과 과거와 친해지고 그 삶을 바라보며 이야기한다. 그들의 스피치 노하우 중 하나는 바로 '과거와 친해졌다'는 것이다.

무대 스피치뿐만 아니라 일상의 대화와 인간관계에서도 적용된다. 사람들을 만나고 말하며 대화할 때 자신을 세우고 높아지려고만 하는 사람의 이야기를 누가 오래듣고 집중겠는가? 어쩌면 친분으로 일정 부분 참고 들어주겠지만 결코 오래가지 못할 뿐더러 관계마저 흔들리게 된다.

자신의 과거를 바라볼 수 있을 때 자존감이 높아지고 살아있는 지금의 내 존재를 인정하며 소중히 생각하게 된다. 삶을 감사히 여길 때 진정 힘있는 스피치가 나오는 것이다.

진짜 멋지고 아름답다는 것은 무엇일까? 정말 힘이 있다는 것은 무엇일까? 이리 오라고 손짓하거나 강요하지 않지만 잠시 쉬고 싶은 나무 그늘처럼, 겸손하고 낮아진 자세로 사람들에게 다가섰을 때 무대에서나 일상의 말하기에서 소통은 시작된다.

자신을 돋보이려 애쓰거나 잘난 척하지 않고 자기 마음을 내려놓고 바닥까지 낮아지는 것은 힘든 일이지만 중요하다. 낮아지고 겸손할수록 소통이 원활하며 전달되는 힘을 가지게 된다.

좋은 스피치는 코스요리와 같다

o 스피치 구성법과 흐름 만들기

코스요리는 단품요리와는 다르게 말 그대로 흐름에 따라 준비된 음식이 나오는 방식이다. 코스요리의 흐름은 각 음식별 특성에 따라 다를 수 있지만 보통은 식전에 가벼운 음료나 와인, 빵을 즐기는 애피타이저로 시작해서 입맛을 돋우는 가벼운 음식인 전채요리 그리고 메인요리로 이어진다. 메인요리가 마무리될 때쯤에는 식사를 마무리하는 디저트가 나오고 마지막에 차를 마시는 티타임으로 마무리된다.

오랫동안 강의와 수업을 하면서 강의 스피치, 수업의 흐름을 준비한다는 것은 정성스러운 코스요리를 준비하는 것과 같다는 생각을 했다. 또한 이러한 흐름을 인지하고 안다는 것은 인간관계의 만남에서도 매우 중요한 원리이기도 하다.

가령 '내가 스피치를 잘하고 싶은 이유'라는 주제로 5분 스피치를 준비한다고 했을 때, 애피타이저 → 전채요리 → 메인요리 → 디저트 → 티타임의 흐름에 맞춰 준비하면 된다.

애피타이저는 첫 인사를 일컫는다. 일반적으로는 자신의 이름, 스피치하게 된 동기(이유) 등을 포함하는데 '안녕하세요. 처음으로 스피치 하게 된 ○○○이라고 합니다. 반갑습니다.'가 될 수 있다.

여기서 조금 더 발전시키면 가볍게 날씨, 기분, 현장의 분위기 등을 활용할 수 있다.

'안녕하세요. 며칠 날씨가 흐리더니 오늘은 약속이나 한 듯 햇볕이 쨍쨍하네요. 이렇게 좋은날, 첫 번째로 이야기하게 된 ○○○이라고 합니다. 반갑습니다.(목례)' 등으로 발전시킬 수 있다. 여기서 팁을 추가하자면 목례와 첫 인사말이 중복되지 않게 말을 다하고 목례를 하자. 그러면 그 타이밍에 청중은 박수를 보내는 시간을 가지며 자연스러운 시작이 된다.

물론 각각의 개성과 기분에 맞춰 다양하고 자연스럽게 스피치를 시작할 수 있다. 앞의 예시를 토대로 상황과 시간, 분위기에 맞는 나만의 애피타이저 스피치를 구성해보자.

다시 한 번 말하지만 어떤 법칙이나 구성에 얽매이지 말고 나의 감정, 기분을 기본 재료로 거침없이 시도하는 것이 중요하다. 정답은 나 자신이니 말이다.

다음으로 '전채요리'가 이어지는데, 바로 주제 소개이다. 앞서 흐름에 맞게 간단히 애피타이저로 첫 인사를 했다면 이제 전할 말의 주제로 들어가는 것이다.

시간의 조건이나 흐름에 따라 좀 더 많은 시간을 할애할 수 있겠지만 '저는 오늘 스피치를 왜 잘 하고 싶은지에 대해 5분간 이야기하려 하는데요. 참 많은 생각을 했습니다. 잘 하고 싶은 건 맞는데 막상 '왜' 잘 하고 싶은지 생각하려다 보니 생각보다 많은 생각들이 들더라구요. 그러다 문득 명쾌한 이유가 떠올랐습니다.' 정도가 될 수 있겠다.

그리고 메인요리로 들어간다. 여기서는 자신이 왜 스피치를 잘하고 싶은지에 대한 핵심 이야기를 하면 된다.

'평범하게 살아온 삶, 어느 때부터인가 삶의 의미를 찾고 싶었고 그때부터 책을 쓰기 시작했어요. 책을 쓰고 나니 그 내용을 사람들 앞에서 전달해야 하는 기회가 생겼고 그때부터 내용만큼 스피치도 잘하고 싶다는 생각을 했습니다. 엄연히 말하자면 말을 잘하기 보단 내 마음과 가치를 잘 전하고 싶었어요.'와 같이 자신만의 이야기를 하면 된다.

정답은 없다. 다만 같은 말을 반복하며 중언부언하거나 핵심적인 이야기의 정리 없이 시간이 초과되어 소개 인사를 너무 길게 늘어놓지 않도록 미리 내용과 원고를 정리하는 것이 좋다. 5분 스피치라는 조건이 있다면 그에 맞추는 메인 내용은 2분 정도로 진행하는 게 좋을 것이다. 시간을 정하고 스피치 연습을 하는 것은 핵심만 간단히 말하는 습관을 기르는 데 의미가 있다. 개인에 따라 6분, 7분으로 확장해 가면서 자신의 이야기를 자유롭게 연습하는 것도 추천한다.

그렇게 메인요리(이야기)가 마무리되면 '디저트'와 '티타임'으로 이어지는데, 바로 '주제 정리와 끝인사'이다. 처음에 했던 전채요리 '주제 소개'와 이어지는 맥락으로, 다시 한 번 주제를 소개하고 정리하는 부분이다.

'이렇게 해서 제가 스피치를 잘하고 싶은 이유는 그저 말 잘하기에 연연하는 것이 아닌 제 가치를 잘 전하고 나누고 싶은 것입니다. 많은 노력이 필요하겠지만 그 바람이 이뤄지길 소망해봅니다. 감사합니다.'

앞에서 설명한 부분들을 코스요리의 흐름에 따라 정리하면 다음과 같다.

● 애피타이저

안녕하세요, 며칠 날씨가 흐리더니 오늘은 약속이나 한 듯 햇볕이 쨍쨍하네요. 이렇게 좋은 날, 첫 번째로 이야기하게 된 ○○○이라고 합니다. 반갑습니다. (목례)

● 전채요리

저는 오늘 스피치를 왜 잘하고 싶은 지에 대해 5분간 이야기하려 하는데요. 참 많은 생각을 했습니다. 잘 하고 싶은 건 맞는데 막상 '왜' 잘 하고 싶은지 생각하려다 보니 생각보다 많은 생각들이 들더라구요. 그러다 문득 명쾌한 이유가 떠올랐습니다.

● 메인요리

저는 정말 평범하게 살아온 삶이었습니다. 그러다 어느 때부터인가 삶의 의미를 찾고 싶었고 그때부터 책을 쓰기 시작했어요. 책을 쓰고 나니 그 내용을 사람들 앞에서 전달해야 하는 기회가 생겼고 그때부터 내용만큼 스피치도 잘하고 싶다는 생각을 했습니다. 엄연히 말하자면 말을 잘하기 보단 내 마음과 가치를 잘 전하고 싶었어요.

● 디저트와 티타임

이렇게 해서 제가 스피치를 잘하고 싶은 이유는 그저 말 잘하기에 연연하는 것이 아닌 제 가치를 잘 전하고 나누고 싶은 것입니다. 많은 노력이 필요하겠지만 그 바람이 이뤄지길 소망해봅니다. 감사합니다.

매우 단순하고 보통의 스피치로 보이지만, 특별한 미사어구나 유창한 말솜씨로 들어가기 전에 담백한 흐름을 구성하는 방법을 익히면 그때부터 다시 자신만의 느낌이나 매력으로 성장시킬 수 있다.

여기에서 애피타이저(오프닝 스피치)를 조금 더 발전시키면 '통계(정보)', '질문', '명언', '유머'라는 다섯 요소를 활용하여 다시 구성할 수 있다. 이 요소는 개별적으로 또는 함께 사용할 수도 있다.

통계(정보)를 활용하는 것은, 스피치에 있어 신뢰를 주는 요소로 활용될 수 있다. 앞서 말한 '스피치를 잘하고 싶은 이유'에 예를 들어보면 다음과 같다.

(정보) 캐나다 토론토 대학에서 흥미로운 연구를 했다고 합니다. 바로 인간이 공포를 느끼는 대표적인 네 가지 상황이란 주제의 연구였는데요. (질문) 혹시 여러분은 언제 가장 공포를 느끼시나요? (청중의 답변 듣고 반응) 네, 다양한 답변을 주셨네요. 토론토 대학의 연구에 의하면 인간은 앞을 가늠할 수 없는 어둠 속에 있

을 때, 깊은 물속에 있을 때, 감당할 수 없는 높이에 있을 때 그리고 대중 앞에 섰을 때라고 합니다.

오늘 제가 이야기하려는 주제가 스피치를 잘하고 싶은 이유인데요. 제가 하려는 게 단순히 스피치 스킬을 익히는 것이 아니라 제 자신의 공포를 극복하는 것이구나.' 하는 생각이 들더라구요.

이렇게 스피치를 시작하면 좀 더 흥미롭게 집중시키고 청중과 호흡하면서 자연스럽게 메인 스피치로 들어 갈 수 있다.

질문을 주축으로 하는 스피치 오프닝에서는 자신이 할 스피치의 내용에 맞게 '여러분 혹시 오늘 기분 어떠세요?', '여기 오신 분들 중에 나는 스피치를 좀 잘하는 편이라는 분 손 한 번 들어보시겠어요?', '나는 스피치라는 단어를 들으면 세포가 먼저 반응하고 긴장된다 하시는 분 손 한 번 들어보시겠어요?' 등으로 시작할 수 있다.

언젠가 수업 중에 한 수강생이 '진정한 행복이라는 주제로' 스피치를 시작하면서 '여러분은 요즘 행복하세요?' 라는 질문으로 시작하며 스피치를 이어갔는데, 그 질문과 더불어 자신의 요즘 마음을 솔직하게 이야기해 나가며 매우 인상 깊은 스피치를 한 적이 있다.

이처럼 질문을 활용할 경우 앞서 말한 통계(정보)까지는 아니더라도 흥미롭게 집중시키며 스피치를 시작할 수 있다.

명언은 청중들로 하여금 좀 더 지성적인 인상을 주고 집중시키는 장점이 있다.

〈죄와 벌〉을 쓴 러시아의 문호 톨스토이는 이런 말을 했습니다. '행복은 노력하는 과정에서 얻어지는 산물이다.' 노력의 이유는 그 결과물과 성과 자체보다는 노력하는 순간순간에 있으며 거기에 이미 즐거움이 있다는 뜻이라고 하는데요. 오늘 저는 좋은 결과를 위한 스피치보다는 그저 이 순간을 즐기는 스피치를 하고 싶습니다.

자신이 평소 인상 깊게 기억하고 있는 명언이나 스피치 내용과 감정에 맞는 명언을 활용하면 훨씬 중심 잡힌 스피치의 시작과 흐름을 이어갈 수 있다.

끝으로는 유머의 적절한 활용이다. 스피치에 있어서 유머라는 요소는 매우 중요하고 잘 활용하면 도움이 되는 요소이다.

유머 오프닝 요소에는 자신의 외모나 이미지를 활용하는 '이미지 활용 반전 기법'이 대표적인데, 자신의 잘난 모습보다는 콤플렉스나 핸디캡이 될 수 있는 부분을 오히려 매력이자 유머로 승화시키는 것이다. 한번은 지인의 강의를 들은 적이 있었는데 그분은 평균보다 키가 좀 작은 편이었다. 그의 강의 첫 인사는 이랬다.

안녕하세요. 누가 뭐래도 대한민국 남성 평균키로 전혀 불편함이 없이 사는 남자, 남이 말하는 불필요한 기준보다는 자신을 사랑하는 건강한 자존감으로 사는 남자 ○○○입니다. 반갑습니다.

이 소개로 청중들에게 웃음을 던지고 박수를 받으며 강의를 시작하였다. 뿐만 아니라 메인 스피치에서도 자신의 경험과 유머를 활용하여 멋진 스피치를 했다.

스피치는 코스요리와 같다. 목적, 상황에 맞는 흐름별로 자신만의 구성으로 나만의 스피치를 만들어 보자.

① 내 마음의 진심과 솔직함
② 다양한 자료 수집(스크랩)
③ 사람들의 관심사, 연령대별 관심사, 시대별 관심사
④ 시간과 목적에 따른 구성과 연습

4장

일상을 바꿔야 무대가 바뀐다

다짐에서
변화로 이어지는
셀프 캠페인

o 변화를 위한 실질적인 계획 만들기

강의를 하고 자기계발이라는 이름으로 사람들에게 중요하고 소중하다고 생각하는 무엇인가를 전하면서 사실, 마음 한 편으로는 이런 생각이 떠나질 않았다.

'강의와 교육으로 세상은, 사람들은, 좋아지고 성장하고 있을까? 강의를 듣고 책을 보며 스스로에 대한 깨달음은 얻었는데, 그 깨달음은 왜 며칠을 가지 못하는 것일까? 심지어 몇 년 후에 적어놓은 노트를 보고 나서야 새삼스럽게 추억에 잠기게 되는 이유는 무엇일까?'

가슴 깊이 스며들고 삶을 바꾸는 강력한 메시지는 무의식적으로 우리 안에 영향을 끼쳐서 인생을 자연스레 바꿔 놓기도 한다. 하지만 들을 때 좋고 읽을 때 감동 받았지만 그것이 삶의 영역으로 이어지지 않는 것에 대한 고민을 많이 했다.

몇 년 전, '천천히 사는 법'에 대한 강의를 듣고 나오면서 '그래, 불필요한 힘은 빼고 조금 천천히 차분히 살아봐야지.'라고 생각했다. 사람마다 다를 수 있겠지만 그때의 감동과 다짐이 오래지 않아 과거가 되고 현실을 살다보면 금세 잊혀 버리는 안타까운 현상들을 보게 된다.

'지금까지 내가 알고 감동받으며 깨달은 대로만 살았어도 내 삶에 어떤 변화가 일어났을까? 왜 항상 그때뿐일까?'

그런 생각을 하며 길거리를 걷던 중 '물사랑 캠페인'이라는 포스터가 눈에 들어왔다. 나에게 중요하고 필요한 부분은 스스로 캠페인처럼 운영해보면 변화를 만들 수 있지 않을까?

캠페인이란 말은 다양한 목적을 가지고 사람들의 참여와 관심을 도모하는 것이다. 스스로 그 제목을 정하고 내용, 기간을 정해서 진행하면, 스스로의 변화를 위해 큰 도움이 될 거라는 생각에서 출발한 것이었다. 명명하여 '셀프 캠페인'이라는 것이다.

예를 들어 어떤 교육이나 매체를 통해 '천천히 여유 있는 마음으로 살자'라는 주제를 얻었다면, 그것은 변화의 시작이지 변화된 것은 아니다. 단지 씨앗을 얻은 것이다. 그 씨앗을 일상이라는 밭에 심고 지속적으로 관심을 가져야만 그 주제는 일상으로 들어와 삶에 영향을 미친다. 그래서 두 번째로 해야 하는 것이 주제에 맞는 실질적 액션 플랜을 구성하는 것이다.

'천천히 여유 있는 마음으로 살자'라는 주제에 대해 생각하다가 일상을 관찰하고 돌보기 시작했다. 며칠을 돌아보니 우선 운전할 때, 그리 급하지 않은 데도 추월을 하고 속도를 높이려고 했다. 두 번째는 승강기 문 앞에 서 있다가 내리는 사람과 부딪치거나 그럴 뻔한 일이 있었다. 승강기에 탑승해서는 가고자 하는 층의 버튼을 누른 후 습관적으로 빨리 닫힘 버튼을 연속해서 누르는 것이었다.

그래서 다음과 같이 적었다.

1. 제목

천천히 여유 있는 마음으로 살자

2. 변화를 위한 행동

① 운전 중 불필요한 속도 내기 않기, 불필요한 추월 금지

② 승강기 탑승 전 한 걸음 물러나 있기

　탑승 후 층수를 누르고 빨리 닫힘 버튼을 누르지 않기
　(단, 급한 일이나 상황이 없는 경우에만 해당)

③ 일주일에 한 번씩 휴대폰 끄고 30분씩 산책하기

　여기서 중요한 것은 실행 기간과 평가다. 앞의 내용에 대해 기간을 정하고 시간이 지난 후 얼마나 잘 지켜졌는지 객관적인 평가를 해보는 것이다.

3. 기간

3주(스스로가 실행 가능한 기간을 정하는 것이 좋다. 2주 이상은 지킬 수 있는 기회를 주자.)

4. 평가
기간이 지나고 항목에 대해 얼마나 잘 지켰는지 스스로를 돌아
보는 것이다.

추상적인 마음가짐에서 실질적인 계획이 가능하고 스스로 필요하
다고 생각한다면 기간을 계속해서 연장시킬 수도 있다. 물론 잘 지켜
지지 않는 경우가 많고, 다른 것에 신경 쓸 것도 많다보니 바쁘고 귀
찮아져서 중간에 그만하고 싶은 마음도 수십 번씩 생긴다. 그러나 이
렇게 하다보니 적어도 예전보다는 일상을 급하게 살지 않게 되었다.

'천천히 여유 있는 마음으로 살자'는 4년간 진행하고 있으며 시간
이 지난 지금 확연히 다른 삶의 속도를 찾게 되었다. 중요한 것은 여
유를 가지며 천천히 살다보니 어느 날 '내가 왜 이렇게 급하고 바쁘게
살아야 하지?'라는 다소 철학적인 질문과도 마주하게 되었다. 그때
내린 결론은 하나였다. '인정받고 싶다'라는 마음으로 여유가 없었고
그게 습관처럼 몸에 배어 버린 것이다.

타고나길 원래 그런 사람, 저런 사람이 있다는 주변의 이야기도 들
었지만, 캠페인 전보다는 훨씬 많은 득과 변화를 얻게 된 것이다. 그
리고 살아가다가 깨닫거나 감동받는 부분은 일정 기간의 '셀프 캠페
인'으로 실행하며 머리가 아는 것을 몸이 알게 하고, 일상으로 스며들
게 만드는 습관이 생겼다.

우리의 목소리, 말하기, 표현이라는 것도 마찬가지이다. 지금 자신에게 필요하고 지속적으로 관심을 가져야 할 부분이 있다면 '그렇구나.'라는 외마디 깨달음이 아닌 셀프 캠페인으로 실행하길 추천한다.

만약 목소리가 커지고 싶다면 그 주제 안에서 ① 하루에 5분씩 소리의 거리감을 가지고 문장 읽기 연습 ② 커피숍에서 주문할 때 바르고 명확하게 주문하기 ③ 평상시 대화할 때 모호하게 말하거나 힘없이 말하지 않도록 주의하기의 변화를 위한 행동으로 옮겨보자. 변화를 위한 행동과 의지만 있다면 얼마든지 변화할 수 있다.

어떤 교육이나 매체를 통해 주제를 얻었다면 그것은 변화의 시작이다. 지속적으로 관심을 가지고 내 삶에 영향을 미칠 수 있는 시도를 해보자. 나만의 셀프 캠페인을 만들고 변화를 위한 실질적 첫 걸음을 내딛어 보자.

1. 제목

2. 변화를 위한 행동

3. 기간

4. 평가

지적해 줄
사람이
있나요

오십대 중반의 기업 대표와 첫 수업이 있던 날, 인사를 나누고 평소처럼 늘 하는 질문을 던졌다.

'무엇이 좋아지고 싶고 어떤 부분을 개선하고 싶으세요?'

'그걸 모르겠어요.'

'그럼 함께 찾아 보시죠. 진행하면서 발견하고 또 알게 될 겁니다.'

'예전에는 그래도 사람들이 저에게 이렇게 하면 좋겠다. 이런 부분을 고치면 좋겠다. 이야기를 좀 해줬던 것 같아요. 그때는 참 듣기 싫었는데, 지금은 오히려 듣고 싶어요. 사회적인 지위도 어느 정도 올라가고 나이도 좀 들어가다 보니 이젠 주변에서 지적을 잘 안 해주네요. 분명히 내가 모르는 고쳐야 할 것들이 참 많을 텐데, 선생님께서 많이 발견해 주시고 가르침을 주시길 바랍니다.'

회사의 대표로 기업을 운영하다보면 경험도 많고 아는 것도 많을 것이다. 그러다 보니 조언을 건네는 것이 쉽지 않다. 이건 아닌 것 같다는 말이 쉽사리 나오겠는가? 때론 가족이나 가까운 참모 같은 사람이 그런 역할을 해주면 좋겠지만, 누군가에게 지적은 받는 것에 불편한 기색을 나타낸다면 주변의 이야기는 금세 사라지는 것이다.

가끔 회사 임원들이나, 강사, 교수, 정치가의 코칭을 하다보면 앞과 같은 말을 하는 경우가 상당히 많다. 그리고 막상 이런저런 이야기를 하면, 받아들이고 이해하는 데 있어서 시간과 에너지가 많이 쓰이는 경우가 더러 있다. 사회생활을 하면서 지위나 직위가 높아지고 성과를 내는 사람들은 더 이상 누군가에게 코칭이나 지적을 받고 또 그것을 받아들이는 것을 어려워하는 경우를 많이 봤다.

지적받고 받아들이는 것도 중요하다. 하지만 나를 잘 아는 사람이 지적이나 조언을 해주는 것은 살아가면서 굉장한 선물이다. 물론 맹목적이고 배려 없는 무분별한 잔소리가 아닌 진심에서 우러나오는 지적과 조언을 말한다.

지적(指摘)이라는 말은 사전적으로는 '가리켜 들추다'라는 뜻을 가지고 있다. 잘못된 부분을 누군가가 가리키고 들추어 직면하게 만드는 것이다. 그것은 새로운 것을 익히고 습득하는 배움과는 다른 스스로를 알고 성장하게 만드는 원동력이 된다.

가끔 '혼'난다는 표현을 쓰기도 하는데, 그것은 말 그대로 강하게 알리어 잠시 그 사람의 혼이 나갈 정도로 정신 차리게 한다는 뜻이다. 물론 지적받고 혼난다고 하더라도 사람이 완전히 바뀌는 것은 어려운 일이다. 그러나 이를 계기로 스스로를 일깨우고 개선할 수 있다.

나에게 그런 시기는 연구소 생활을 마치고 혼자 아카데미를 만들고 난 후였다.

독립하면서 가장 불안했던 것은 '선생님'이라고 하는 울타리없이 오직 내 이름만으로 과연 잘 할 수 있을까하는 두려움이 컸기 때문이다. 또 무엇보다 두렵고 걱정이 된 것은 선생님의 도움 없이 나 자신을 돌아보고 스스로를 지적해야 한다는 것이었다.

결코 쉬운 일이 아니다. 스스로 잘못된 것을 찾고 개선하며 노력해야 했다. 선생님과 같이 있을 때는 그렇게 듣기 싫은 지적과 혼나던 것들이 막상 독립을 하고 보니 그립기도 하고 아쉽기도 했다.

그래서 나를 잘 알고 있는 친구 두 명에게 이러한 고민을 털어놨고, 친구들은 감사하게도 나의 고민을 이해하고 조심스레 나에게 지적을 해주기 시작했다. 지적이라기 보단 본인들이 느끼는 나의 요즘 모습, 표정, 대화하고 말할 때의 느낌 등을 이야기해 주었다.

'좀 여유를 가졌으면 좋겠어. 독립하고 불안해서 그런지 사람이 경직되고 힘이 너무 많이 들어간 것 같아.'

'다른 사람 이야기를 잘 듣고 얘기 했으면 좋겠어. 항상 네가 할 말이 장전된 사람 같아.'

'공부를 좀 더 해서 실질적 지식을 쌓는 게 필요할 듯 해. 그럼 네가 더 성장하지 않을까?'

'말보다 행동이 앞섰으면 좋겠어. 말이 많이 발달한 사람이라 말을 좀 아끼는 것도 좋을 듯 해.'

오랫동안 봐온 친구들이다 보니 생각보다 임팩트 있고 구체적인 이야기들을 들을 수 있었다.

막상 이야기를 들으면서 스트레스를 받고 속상하기도 했지만, 스스로 노력하지 않고 개선하지 않으면서 누군가에게 코칭하고 강의한다는 것은 앞뒤가 맞지 않는 일이라는 생각이 든다. 그래서 그들의 지적을 하나하나 소중히 받아들이고 개선하기 위해 노력했다. 늘 마음에 두고 신경 쓰는 것만으로도 분명 개선이 된다. 이후 그 친구들과의 만남은 물론, 미루던 대학원에 입학하고 1년에 2~3번씩은 연기 수업과 나에게 필요한 수업을 받으며 새로움을 수혈 받았다.

　말, 목소리, 생각, 표현을 돌아보는 시간을 가지고자 노력한다. 내가 살아있고 삶의 피가 돌아야 좋은 사람으로 살아갈 수 있는 것이다. 나를 위하고 진심으로 지적해 줄 수 있는 사람이 있다는 것은 그것만으로도 선물이자 감사인 것이다.

나의 말과 표현에 대한 선생님은 주변에 있을지도 모른다. 마음을 열고 나를 잘 아는 사람에게 예의 있게 물어보면 그들은 내가 발전할 수 있는 부분을 잘 알고 있을 것이다. 조심스레 한 번 물어보자. 내가 발전하고 좋아질 수 있는 부분이 어떤 부분인지 말이다.

진정한
자유로움

○ 변화를 위한 일상 속 마음가짐

하루는 선생님의 선생님을 모실 일이 있었다. 그 분은 서울의 한 음악대학 학장님으로 계신 분이었는데, 선생님의 대학시절 은사님이셨다. 남산 부근에 위치한 그분의 댁에서 인천공항까지 모시는 미션이 주어진 것이다.

어떻게 모셔야 할까? 깔끔하게 세차도 하고 차 내부도 열심히 청소했다. 이보다 더 열심히 할 수 있을까? 싶을 정도로 차를 청소하고 약속 시간보다 일찍 대기하고 있었다. 내비게이션도 두 번 세 번 확인해서 검색해 놓고, 차 안에 따뜻한 음료도 미리 세팅하고 냅킨에, 적절한 차량 온도까지 체크했다. 빈틈없이 모시고 싶은 마음과 혹시나 발생할 실수에 대한 염려로 긴장이 되었다. 가뜩이나 선생님도 어려워하시는 분이라는 점이 쉽지 않은 미션과 같았다.

처음 그분을 마주했을 때의 느낌이 여전히 남아있다. 60대 후반의 남자가 두른 실크 스카프, 정돈된 슈트와 헤어스타일, 잘 닦인 구두가 인상적이었다. 아주 편안하고 젠틀한 목소리로 말씀하셨다.

'반가워요~ 오늘 저 때문에 이렇게 시간 내서 오신 거예요? 본인도 수업하고 이래저래 바쁘시다고 들었는데 고마워요.'

'아닙니다. 운전도 제가 하는 일입니다. 모시게 돼서 영광입니다.'

드라마 대사 같은 대화들이 오갔고 그 사이에도 긴장을 떨치지 못했다. 그리고 매우 천천히 목적지를 향해 출발했다. 늘 하던 운전인

데도 그때는 면허증을 발급받고 도로주행을 처음 나가는 것 같았다. 그렇게 1시간가량 이동을 했고, 차안에서는 정적이 흐르기도 하고 가벼운 대화들을 주고받기도 했다.

'교수님, 도착했습니다.' 하며 트렁크에서 짐을 내리려는데, 의외의 질문을 건네셨다.

'바쁘셨을 텐데 이렇게 시간 내줘서 정말 고마워요. 그런데 내가 조금 갑작스런 질문 하나만 해도 될까요?'

'네. 말씀하십쇼.'

'오강사님은 자유가 뭐라고 생각해요?'

정말 말 그대로 갑작스러운 질문이었다. 갑...갑자기...?

'네, 자유라는 것은...다른 사람에게 피해주지 않고 내가 원하는 것을 거침없이 펼치는 것이라고 생각합니다.'

다소 평이한 답변을 했다. 그때는 그게 최선이었다.

'그래요 그것도 좋은 해석이네요. 제가 드리고 싶은 얘기를 좀 드려도 될까요? 오늘 오강사님이 이렇게 저를 위해 운전해 주시고 준비해 주신 덕에 오는 길이 너무 편안했어요. 차 안에서 필요한 것들도 잘 준비해 주시고 속도도 편안했고, 신호도 정말 잘 지키시고요. 그런데 말이에요. 제가 내리고 돌아가는 길도 왔던 길처럼 똑같이 운전하는 것. 저는 그게 자유라고 생각해요.'

그리고 교수님은 공항으로 가셨고, 한동안 나는 출발을 못했다. 내 안에서 울림이 일었다. 내 나름의 열심에 대한 후회나 부끄러움이 아닌, 스스로 자유롭고 당당할 수 있는 삶. 그것은 보이는 것만이 아닌 상황에 따라 바뀌지 않고 누가 없더라도 나름의 질서를 지키며 자신과의 약속을 지키며 사는 것이었다. 혼자 있을 때와 긴장된 상황에서의 괴리가 많을수록 우리는 피곤한 삶을 살아간다. 아니 자유롭지 못할 확률이 높다.

일상이나 스피치도 마찬가지이다. 평상시에는 마음을 풀고 있다가 무대만 주어지면 그때서야 허겁지겁 어떻게든 해보려 아등바등 하는 것이 자유롭지 못한 무대를 만드는 것은 아닐까?

평상시 누가 보지 않더라도 스스로 꾸준히 관심을 가지고 상상하며 정리하면서 살아간다면, 어느 날 갑작스럽거나 부담스러운 무대에서도 자유롭고 당당하게, 나답게 무대에 설 수 있는 것이다.

평상시 사람들에게 말하는 말투, 주로 쓰는 단어, 주로 하는 생각, 주로 듣는 음악, 주로 가는 곳, 주로 보는 영상, 자고 일어나서 가장 먼저 하는 것, 주로 만나는 사람, 스스로 정한 계획과 약속, 모든 것이 무대와 스피치에 드러나게 마련이다. 물론 뻔뻔하게 삶과 무대가 다른 사람도 있겠지만 거짓 연기는 언젠가 막을 내릴 것이고 무엇보다 스스로가 먼저 지쳐 버릴 것이다.

나만의
스크랩과
뉴스 스피치

사람들에게 인정받고 사랑받는 명강사들이나 어떤 상황에서도 거침없이 자기 생각과 의견을 또렷하고 논리정연하게 말하는 사람들이 있다. 방송을 통해 봤을 수도 있고 강연장이나 일상생활에서 한번쯤은 만나봤을 것이다.

그들의 특징은 무엇일까? 앞서 말한 자기 삶의 가치나 생각이 명확한 것은 물론이지만 그들은 자기 자료 정리를 철저히 한다. 자료 정리라고 하면 뭔가 거창하고 어려울 듯 하지만 의외로 간단한 방법들이 있다. 바로 자신만의 스크랩북을 만드는 것이다. 말을 잘한다는 강사나 주변 사람들의 대부분은 이 스크랩을 수년간 꾸준히 해오고 있다는 것을 자주 봤다.

수업에서 만난 한 중소기업의 대표는 목소리 트레이닝이나 구성에 대한 도움이 필요했을 뿐 내용적인 면에서는 이미 다양한 소재와 주제를 가지고 있었다. 직원들에게 말할 기회가 있을 때 어떤 주제로 어떤 내용으로 하면 좋을지 이미 준비된 사람이었다. 그의 재료 공급처는 다음과 같았다.

요즘처럼 인터넷이 발달하고 수많은 매거진을 웹으로 정기 구독할수 있는 시대에, 정기적으로 신문을 받아보며 매일 아침 20~30분 정도 조용히 신문을 읽고 인상 깊거나 좋은 내용의 기사는 손수 가위질하고 풀을 발라 스크랩한다고 했다. 그의 사무실 책장 한편에는 꽤 두

꺼운 4절 스크랩북이 가득 꽂혀있었는데, 자신이 회사 대표가 되고 나서부터 시작했다고 한다.

처음엔 회사 일이나 유사 분야의 사업에 관련한 내용들 위주로 스크랩을 했고 나중엔 스포츠, 방송연예, 자동차, 취미 등 다양한 카테고리들도 관심 깊게 읽으며 스크랩한다는 것이었다. 좋은 내용이나 인상 깊은 부분은 읽는 것만으로도 기억에 남을 수 있지만 스크랩을 통해 자료화 하고 정리되면 뇌리에 더 깊이 남는다.

베스트셀러라고 불리는 책들은 반드시 읽어보고 그 책의 주요 내용을 정리하는 것도 그의 독서 스크랩 방법이었다. 책을 읽고 주요 내용을 다시 읽어보며 주제와 핵심을 정리하면, 스스로에게는 지적 재산이자 깊이 있는 소재들이 된다. 10여 년간 주 2~3회씩 신문과 독서 스크랩을 해온 그는 직원들에게 월례조회나 송년, 신년사 등의 이야기를 전할 때 폭넓고 다양한 주제의 스피치를 자연스레 할 수 있었다. 일상생활이나 다양한 만남, 업무 미팅 등의 자리에서도 자연스럽고 넓은 대화의 폭을 가질 수 있었다. 아는 게 많아야 말을 잘 할 수 있고, 재료가 풍성하고 양념이 많아야 그때그때 요리의 맛을 낼 수 있는 것과 같다.

현실적으로 신문읽기나 독서가 조금 어렵다면, 스마트폰을 활용한 스크랩부터 시작해보자. 인터넷 포털 사이트에는 하루에도 아니 한 시간에도 수많은 기사와 소식들이 쏟아지며 각 카테고리와 분야별로 다양한 기사와 누군가의 칼럼, 논평들이 수없이 나온다. 그래서 광고가 많거나 깊이 없는 이목끌기에만 집중한 질 떨어지는 내용은 기본적으로 구분할 수 있는 능력도 함께 키워야 한다.

만일 인상 깊고 좋은 내용의 기사가 있다면 보고 있는 화면을 휴대폰으로 스크랩하자. 나중에 분야별로 나눠서 폴더로 모아두면 나의 스피치 재료이자 정리의 창이 된다. 이틀에 한 번씩, 한 달만 해도 8개 이상의 자료가 모인다. 다시 말하지만 재료가 풍성하고 알고 있는 것이 많아야 스피치에도 깊이가 생긴다.

또한 월간 매거진의 구독도 추천한다. 최근에 각 매거진마다 어플리케이션이 생겨서 웹으로도 얼마든지 무료 구독을 할 수 있지만, 가능하다면 월 한 권 정도는 정기구독이나 구입하기를 추천한다. 광고가 난무하고 자극적인 제목으로 현혹하는 그런 잡지를 왜 보냐는 사람들도 있을 수 있다. 하지만 그 속에는 트렌드의 핵심 내용들이 있다. 스피치 리더들은 깊이라는 클래식한 정보와 시대를 읽는 트렌드 정보도 부지런히 수집한다.

뉴스 스피치라는 실습을 진행할 때 자신이 가장 최근에 인상 깊게 본 신문, 뉴스(인터넷 포함), 책, 매거진의 한 부분을 준비한다. 그리고 그 내용에 대해 먼저 이야기하고 유독 와 닿거나 인상 깊었던 이유, 생각이나 느낌, 경험 등을 이어서 이야기한다.

이 스피치 연습은 객관적 사실, 정보, 소식 등과 함께 나의 마음과 생각을 동시에 전할 수 있기에 보다 신뢰감이 생기고 중심 잡힌 스피치 능력 향상에 도움을 준다.

제목 | 삶에도 휴게소가 필요하다

⇨ 뉴스 소개 부분 얼마 전 이런 기사를 봤습니다. 국토교통부에서 2011년 처음 고속도로 위에 만든 것이 바로 졸음 쉼터인데요. 다들 아시다시피 졸음 쉼터는 고속도로에서 운전을 하다가 졸음이 오거나 피곤하면 잠시 쉬어갈 수 있게 만들어 놓은 간이 휴게소 같은 곳입니다. 얼마 전 졸음 쉼터의 실질적 효과에 대한 조사를 시행했는데 그 결과가 꽤나 인상적이었어요. 졸음 쉼터가 설치된 구간은 그 전보다 사고 발생률이 38% 감소했으며, 사망자수는 무려 55%나 감소했다고 합니다. 국토교통부에서도 예상보다 좋은 효과에 앞으로 점차 이 졸음 쉼터를 늘려 나갈 예정이라고 하는데요.

⇨ 내 생각 이 기사를 보며 문득 이런 생각이 들었습니다. 나에게도 지금 이런 졸음 쉼터가 필요한 게 아닐까 하는 생각 말이죠. 물론 쉽게 쉴 수도 멈출 수도 없는 게 사실입니다. 열심히 살아가야 하지만 정해진 시간에 무언가를 이루고 목적지에 도달하기 위해 휴게소도 한 번 들르지 못하고 계속 살아간다면 더 위험한 것이 아닐까 하는 생각이 든 것입니다.

여러분들은 어떤 졸음 쉼터와 휴게소를 가지고 계신가요? 최근에 언제 들리셨나요? 그 휴게소에 잠시 들러 마음도 쉬고 스트레칭도 해주면 우리는 더 안전하고 멀리 갈 수 있지 않을까요? 아주 가끔씩은 졸음 쉼터와 휴게소에 들르면 좋겠습니다. 감사합니다.

이렇게 뉴스나 정보를 활용하여 스피치를 만들 수 있다. 스크랩을 꾸준히 하다보면 목적에 맞는 소재 선정을 할 수 있고 그 소재와 목적에 맞춰 하나의 스피치를 만들 수 있는 것이다. 예시 내용처럼 삶이나 철학적 메시지가 아니더라도 괜찮으니 가볍게 3~5분 정도의 길이로 나만의 뉴스 스피치를 만들고 발표하는 연습을 해보자.

일상에서 다양한 소식을 가까이하고 정보를 얻을 수 있는 통로를 만든다는 것은 결국 스피치 재료이자 나만의 도서관이 된다. 감정, 감성, 생각, 느낌도 중요하지만 객관적 정보와 소식, 자료는 스피치의 객관성과 신뢰도를 주는 것이다. 평상시 꾸준한 스크랩은 스피치 기회와 준비에 큰 도움이 될 것이다.

제목 |

⇨ 뉴스, 스크랩 소개 부분

⇨ 내 생각과 느낌

⇨ 정리

일상 속 안정된 목소리와
스피치를 위한 쉼의 시간

● **산책**

조금만 관심을 가진다면, 일상생활에서 누구나 쉽게 실천할 수 있다. 조용한 이른 아침이나 저녁시간이 좋지만 시간은 크게 상관없다. 조용히 걸을 수 있는 산책로나 공원을 찾고, 가능하다면 휴대전화는 잠시라도 꺼두고 10~15분간 조용히 걸어보는 것이다. 잡생각이 나더라도 잠시 분주하고 바쁜 마음을 내려놓고 이 순간 지금 여기에 있음을 되새기며 아주 천천히 걸어본다. 안정된 호흡과 편안함의 시간을 가지는 것은 내 목소리와 스피치에 안정감을 준다.

● **명상**

산책과 이어서 해도 좋고 따로 할 수도 있다. 적당한 곳에 자리 잡고 편히 앉는다. 굳이 가부좌 자세가 아니더라도 의자나 혹은 비슷한 어딘가에 걸터앉아도 좋다. 그리고 눈을 감고 코로 숨을 깊게 들이마시고 입으로 다시 길게 내쉰다. 숨이 너무 벅차지 않게 편안함에 집중한다. 얼굴이나 어깨, 허벅지 심지어 손가락, 발가락까지 불필요한 긴장이 들어간 곳은 없도록 한다. 여유롭게 아주 천천히 그런 다음 주변에서 들리는 소리에 집중해 본다. 가장 멀리서 들리는 소리부터 가장 가까이에서 들리는 소리까지 계속해서 났던 소리인데 이제야 들리는

소리들이 있을 것이다.

● 차 마시기

요즘처럼 커피를 많이 마셨던 때가 있었을까? 거리를 걷다보면 다섯 사람에 한 두 사람은 커피를 들고 다닌다. 커피숍은 조금만 걸으면 금방 찾을 수 있을 만큼 많다. 우리는 진짜 여유롭게 차를 마시고 즐기며 살고 있을까? 차 마시는 사람들은 차를 조용히 음미하고 입안으로 들어 온 차가 천천히 내려갈 때까지 기다려 준다고 한다. 물론 매번 그렇게 마실 수는 없고 모든 차나 커피를 그렇게 마실 수도 없다. 가끔 나의 안정된 호흡과 편안함을 위해 향과 온도를 느끼며 차 마실 잠깐의 시간 정도는 허락해 줄 필요는 있다.

● 스피치 연습

스피치와 더불어 해볼 수 있는 연습은 산책이나 명상, 차 마시기를 충분히 여유롭게 느끼고 즐긴 후 본인의 느낌과 생각을 말해보는 것이다. 그때 가장 편안하고 안정된 목소리를 만날 확률이 높다. 몸은 여기 있는데 정신이 다른 곳에 가 있는 것을 '분주함'이라고 한다. 있지도 않은 일에 마음을 자꾸 갖다 대고 걱정하는 것을 '염려'라고 한다. 분주함과 염려가 가득한 목소리엔 안정도 편안함도 없으며 그런 목소리에서 시작하는 스피치는 스스로를 피곤하게 만들며 듣는 이들도 안정을 느끼지 못한다. 다른 많은 기술과 스킬도 좋지만 나의 목소리 상태부터 편히 리셋해 보면 좋겠다.

스피치
리허설

목적에 맞는 스피치 내용이나 원고가 준비되었다면 지금부터 연습과 리허설을 해보자. 연습과 리허설은 유사하지만 차이가 있는데, 연습은 원고를 숙지하고 익히는 것이라면, 리허설은 실전과 같은 준비와 실제 청중 앞이라 생각하며 스피치를 해보는 것이다. 취준생, 회사에서의 브리핑과 발표, 강의, 자기소개, 사회자 스피치 등 개인마다 스피치 종류는 다르지만 스피치 연습과 리허설의 방법은 같을 수 있으니 각자의 목적별로 잘 활용해 보자.

첫 번째는 녹음기를 활용하는 방법이다. 모든 내용을 녹음하고 무조건 듣기 위함은 아니고 일정 부분 부담을 가지기 위해 스스로 녹음 버튼을 누른 상태에서 스피치가 기록되고 있다는 의도적 불편을 장치해 두고 연습하는 것이다.

그 불편이 바로 연습의 효과를 준다. 녹음기를 따로 구입할 필요는 없으며 휴대폰 녹음기를 사용하면 된다. 장소는 거실도 좋고 방도 좋다. 혼자서 편히 목소리를 낼 수 있는 곳이라면 어디는 상관없다. 손에 잡은 녹음기나 휴대폰은 마이크 대용으로 손에 쥐어지기에 연습에 상당히 용이하다.

의상부터 헤어스타일, 양말까지 준비하자. 다시 말하지만 실전처럼 철저히 준비한 후 진행하는 리허설이다. 그리고 듣는 사람들은 총 몇 명이며 대략 어떤 사람들이 그 자리에 오는지 이미지 트레이닝(상상)

하며 그 시간 그 공간에 있다고 생각하자.

골프, 수영 같은 운동선수들이 사용하는 이미지 트레이닝법은 우리의 뇌를 미리 내용과 현장에 적응시켜 실전의 공간에서 익숙하게 만드는 엄청난 효과를 가져 온다. 현장에서 달라질 수도 있지만, 사전에 발표장의 공간과 대상들의 특성을 미리 상상하고 그려보며 연습하는 것이 바로 리허설의 기초 작업이자 핵심인 것이다.

녹음이 익숙해졌다면 다음은 영상 촬영 리허설을 해보자. 역시 카메라를 구입할 필요는 없다. 휴대폰 카메라를 사용하면 된다. 모니터링을 하고 싶다면 해도 좋지만 녹음과 마찬가지로 시선에 대한 의도적 불편 요소를 활용해 연습하는 것이 목적이다. 모니터링하며 수정하는 것은 개인의 선택이자 자유다. 카메라 렌즈는 실질적 시선을 활용해 리허설 할 수 있으므로 녹음보다 한 단계 더 발전된 방법이라 할 수 있다.

다음은 실제 청중을 통한 연습이다. 당일의 청중은 아니더라도 듣는 사람을 앞에 앉혀놓고 연습하는 방법이다. 비교적 편하게 생각하고 실수해도 잘 들어 줄 수 있는 사람을 앉혀놓자. 가족이 될 수도 있고 친한 친구나 동료가 될 수 있다.

내가 연습해야 하는 이유를 솔직히 이야기하고 부탁하자. 그런 다음 피드백을 물어보거나 때론 실전처럼 질문을 받거나 리허설의 강도를 높이는 것은 본인이 선택하자. 그냥 들어주기만 하면 되는 역할인지 듣고 나서 소감이나 느낌을 물어보고 수용하고 적용할 것인지는 어디까지나 선택이다. 다만 부탁을 들어준 사람에게는 내 나름의 방

식으로 꼭 대가를 지불하자. 나의 리허설에 있어 엄청난 도움을 준 것
이니 말이다.

조금 더 나아간 연습 방법이라면 모임 공간이나 연습실 등을 빌려
서 연습하는 것이다. 집이나 방에서 해도 좋지만, 발표의 장소와 비슷
한 사무실이나 강의장 같은 공간에서 연습을 해보자. 미리 발표 공간
과 유사한 장소에서 헤어, 의상, 소품 등을 챙기고 거기에 듣는 사람
까지 함께 한다면 리허설은 완벽에 가까울 수 있다.

녹음하고, 촬영하고, 장소까지 빌리고 듣는 사람의 역할까지 동원해
스피치 내용을 3~5회 반복한다면, 여전히 부담스럽고 떨릴지라도 그
것을 하기 전과는 확연히 다른 확신이 생긴다. 내용을 반복하고 실전
처럼 연습했기에 생기는 확신도 있겠지만, 노력하고 공을 들인 스스
로에 대한 근본적 자신감도 생성된다. 이렇게 연습하면 못할 리가 없
다. 조금 불만족스러워도 분명한 것은 후회가 덜하다. 조금 과한 방식
이 아닌가 생각이 들겠지만 많은 사람들이 이러한 연습을 통해 힘을
가졌다.

여기서 끝인 것 같지만 또 있다. 나 같은 경우는 강의 초반 숨이 가
쁘고 땀이 많이 나서 고생했다. 긴장이나 불안 등의 심리적인 부분도
있었지만, 기초 체력이 모자라 한 시간에서 두 시간의 강의 시간이 꽤
힘들었다. 그래서 생각한 것이 집 뒷산을 오르며 연습하는 것이었다.

실전처럼 헤어스타일을 만지고 정장에 구두까지 신고 산을 오르며
연습했다. 혼자서 스피치를 연습하다가 다른 사람들을 만나면 녹음기

를 켜고 통화하는 것처럼 산을 오르며 강의와 스피치를 연습했다.

그렇게 땀을 뻘뻘 흘리며 구두를 신은 채로 3~4시간 연습하고 나면 내용 숙지는 물론 체력적으로도 상당한 훈련이 된다. 이런 연습 후 평평한 바닥의 강의실에서 가만히 서서 하는 스피치는 굉장히 편해졌다.

그리고 청중들이 할 수 있는 예상 질문 리스트도 10가지 정도 미리 준비해놓고 답변하는 연습까지 함께 했다. 내가 취준생이라면, 면접에서의 자기소개, 예상 질문으로 그에 맞는 연습과 리허설을, 회사에서 발표나 브리핑이 있다면 그에 맞게, 강사라면 강의 내용과 강의장 정보를 토대로 재미있고 치열하게 연습해보자. 내가 불편하고 부담스러운 상황 뒤로 숨지 말고 오히려 그 상황을 불러오고 만들어 미리 앞서자.

당신은 당신의 생각보다 강한 힘을 가지고 있다는 것을 알게 될 것이다.

① 목적, 목표에 맞는 스피치 내용을 정리하자.
② 평균 10회 이상 계속해서 읽어보고 숙지하고 수정하자.
③ 연습할 만한 장소를 찾자.
④ 녹음, 촬영의 방법으로 리허설하자. 이때 헤어, 의상, 필요한 모든 소품을 준비하고 스피치할 때 스피치 발표 장소의 사진을 미리보거나 상상하며 듣는 사람들의 특성을 미리

파악하여 이미지 트레이닝 하자.

⑤ 스피치를 잘 들어줄 수 있는 사람에게 청중 역할을 부탁
하자.

⑥ 가능하면 강의, 모임 공간 대여를 통해 연습하자.

⑦ 실제 받을 수 있는 질문을 미리 준비하고 그에 대한 답변도
준비하자.

5장

진정으로
힘 있는
말하기와 연습

묵은지 같은,
신 김치 같은
또는 겉절이 같은
스피치

김치찌개를 전문으로 하는 식당에 갔다. 들어가면서부터 진한 묵은지 냄새가 식당 안을 가득 채운, 그야말로 소문난 김치찌개 전문점이었다. 주문을 하고 기다리는 동안 식당 내부를 살펴보는데 묵은지에 대한 다양한 설명과 효능들이 가득 붙어 있었다. 그러다 유독 눈을 사로잡는 글귀가 하나 보였다. 바로 '묵은지와 신 김치는 다르다.'라는 내용의 글이었다.

글씨가 잘 보이지 않아 그 글이 잘 보이는 쪽으로 자리까지 이동했다. 글의 주요 내용은 이랬다. 아는 사람들은 알겠지만 어떤 사람들은 묵은지와 신 김치를 비슷하게 생각한다. 하지만 확연히 달랐다. 묵은지는 오래된 김장 김치라는 뜻으로 김장을 하기 전 묵은지로 만들어야지 하는 마음으로 양념이나 간을 약하게 해서 저온 상태에서 최소 6개월 이상 저장하여 숙성시킨 것을 말한다.

숙성 중 지켜야 할 것은 온도의 일정함이다. 온도의 변화가 잦으면 숙성에 방해가 된다. 그리고 뚜껑을 자주 열어보면 안 된다. 불필요한 공기가 자주 유입되면 맛이 드는 것이 아니라 맛이 가버리는 것이다. 그래서 그 식당에서는 최소 2~3년 숙성된 묵은지만을 사용한다는 것이다.

신 김치는 숙성이라기 보단 관리를 잘 못하거나 안 해서 말 그대로 김치가 쉬어 버린 것이다. 숙성이라기 보단 앞서 말한 것처럼 맛이 간 것이라는 표현이 어울린다. 숙성된 것은 맛이 깊고 감칠맛이 나며 시원하다. 그러나 맛이 간 것은 자극적이고 유사해 보이지만 감칠맛이나 깊이가 없다.

말과 목소리의 힘도 유사하다. 묵은지처럼 오랜 시간 잘 숙성된 말과 목소리가 있는 반면 얼핏 보기엔 유사하나 깊이가 없고 감칠맛이 없는 신 김치 같은 말과 목소리가 있다. 시작한지 얼마 되지 않았거나 겉으로만 그럴듯한 겉절이 같은 목소리와 말이 있는 것이다.

음식에 빗대자면 신 김치도 겉절이도 각자의 매력이 있지만, 진정 힘 있는 목소리와 말은 묵은지처럼 숙성되었을 때 비로소 시작되는 것이다.

스피치 수업을 한 번도 받은 적 없는 25년간 구두수선만 하신 분의 강연에서, 피겨퀸 김연아 선수의 인터뷰와 이야기에서, 또는 말을 아낄 줄 알고 때가 행동으로 드러나는 우리 주변의 누군가의 모습에서 이미 우리는 말의 진짜 힘이 어디에서 나오는지 경험하고 있다.

숙성이 어려운 사람들은 말하기를 좋아하고 시작하는 단계의 다짐을 마치 다 이룬 것처럼 얘기한다. 감정 표현이나 의사소통에 있어서 그때그때 말하는 게 필요한 경우도 있다. 하지만 나의 목표나 생각을 묵묵히 마음에서 숙성시키지 못하거나 느낌을 그때그때 다 말해버리는 사람들의 경우 얼마 가지 않아 말의 내용이나 목표가 금세 바뀌기도 한다. 우리는 그런 사람의 말과 목소리를 들으며 진중함과 신뢰를 느끼지 못한다.

말을 많이 하는 것이 잘 하는 것이 아니다. 필요한 말을 적재적소에 하며 삶에서 충분히 익은 다음에 조심스레 말을 꺼내는 사람, 우리는 그런 사람들의 말과 목소리에서 힘을 느낀다. 목소리에 힘을 주어 말하지 않아도 그 사람이 가지고 있는 경험과 인내, 아픔, 깨달음, 배려, 극복, 노력, 눈물, 사랑을 통해 인간 목소리의 진짜 힘을 느낀다.

수업을 하다보면 강사가 되겠다는 혈기 왕성한 20~30대 초반의 수강생들을 만난다. 대학생도 있고, 취준생도 있고, 강사 준비자도 있으며 일반 회사원도 있다.

최근 들어 발견한 그 친구들의 공통점은 스피치 교육과 멋진 말을 하는 명강사들의 영향 때문인지 자꾸만 말을 멋있게만 하려고 한다는 것이다. 말에 미사어구를 많이 붙이고 어떻게든 짜 맞춰서 메시지를 전하려 하고 어려운 단어들을 자주 사용한다.

운 좋게 여차저차 말을 잘 만들어 낼 수 있을지도 모르지만 대부분은 안타깝게도 신 김치나 겉절이 같은 말과 목소리가 돼 버린다. 그러나 그들도 분명 묵은지 같은 주제의 진득한 내용도 있다.

들떠 있는 마음이나 앞서있는 마음을 조금 내려놓고, 본인 삶에서 가장 힘들었을 때, 가장 소중했던 순간, 가장 오랫동안 시간과 마음을 투자하고 노력한 것들에 대해 고민해보고 차분히 말하다 보면 그들의 진득한 목소리는 시작된다.

대학 때 은사님은 늘 이런 얘기를 하셨다.

'진짜 힘을 가지고 싶다면 정해진 시간에 꾸준히 반복해야 해, 즉흥적이고 순간적인 힘이 필요할 때가 있지만 그것이 정해진 시간, 꾸준한 반복을 만나지 못하면 결국 다짐의 달콤한 말하기의 재미로만 그치게 되는 거야.'

의지와 열정, 창의성까지 갖췄다 칭찬 받았지만 인정받는 걸 좋아하고 지루한 것을 참지 못하고 주목 받는 것을 좋아하는 탓에 늘 다짐과 시작의 단계에서 말이 많고 호흡이 들떴다.

교수님의 눈에는 그게 훤히 보였을 거고 한 학기, 한 학년이 마무리되어 갈 때쯤 어김없이 연초나 학기 초의 계획이 유야무야 되는 모습을 지켜봤던 것이다. 젊은 한 때의 시기라 볼 수도 있지만, 그 성향이 나중에도 이어졌던 걸 보면 그런 성향은 나이와 상관없는 부분이기도 하다.

삶을 진득하게 때론 침묵하며 살아야 한다. 요즘처럼 SNS가 왕성한 시대일수록 더욱 필요한 부분이다. 나 역시 페이스북이나 인스타그램을 즐기기에 이런 얘기를 하는 게 조심스럽다. 하지만 그런 즉흥과 열린 광장 같은 곳에서의 의사소통과 공유의 매력이 있지만, 우리의 진득한 숙성보다는 그저 나를 알리고 자랑하기 바쁜 모양새만 남아 숙성과는 거리가 멀어질 지도 모르겠다.

우리는 삶을 살아가며 지금도 익어가고 있고, 다양한 사건과 크고 작은 일들을 통해 성장하고 있다. 그 과정에서 책과 강의가 줄 수 없는 배움과 깨달음을 만나며 과거에도 지금도 살아가고 있다.

나에겐 어떤 묵은지 같은 시간이 있었는지, 신 김치나 겉절이 같은

말과 목소리를 낸 적은 없었는지, 왜 그랬는지를 고백해 본다면, 사실
그 고백조자 결국 묵은지 같은 힘 있는 말과 목소리의 시작인 것이다.

일에 대한 다짐이나 시작의 단계에서 말을 아끼고, 한동안 묵묵히 노력
하고 살아가며 조심스레 그 내용을 얘기하는 연습을 해보자. 지금까지
살아온 시간 속에서 살아온 이야기들을 해보자. 또는 자신의 이야기를
진솔하게 말해보자. 거기서부터 우리의 묵은지 같은 묵직하고 진솔한
이야기의 힘이 시작된다. 그것은 스피치뿐만 아니라 당신의 삶에서도
신뢰감 있는 목소리와 믿음을 주는 진정 있는 목소리가 될 것이다.

그치? 어때?
라는 말은
스피치의 힘을
뺏어간다

7살의 아이가 있다. 이 아이는 유치원에서 있었던 일에 대해 엄마에게 말하기 시작한다.

'엄마 유치원에서 시은이랑 같이 밥 먹었는데 시은이가 내꺼 뺏어먹어서 내가 그렇게 하지 말라고 말해줬어, 나 잘했지. 그치?'

초등학교 5학년 한 아이는 본인이 새로 산 운동화를 친구에게 보여주며 얘기한다.

'운동화 새로 산건데 멋지지. 그치? 봐봐. 어때?'

30대의 청년은 요즘 선풍적 인기를 끌고 있는 유튜버를 꿈꾼다. 그리고 본인이 녹화한 영상을 한 친구에게 보여준다.

'나 최근에 찍은 영상인데 어때? 나름 괜찮지? 그치?'

무엇을 얘기하려는지 대략 눈치 챘을 것이다. 일을 하고, 삶을 살아가다 보면 가끔 다른 사람의 의견이나 조언이 필요하다. 그것은 크고 작은 도움이자 영향을 끼치는 중요한 부분이다. 그러나 일상의 대화에서 '그치?', '어때?'라는 확인을 필요로 하는 말하기가 반복된다면, 스스로 확신하지 못하고 확인받으려고 하는 자신감 없는 사람으로 비춰질 수 있다.

스피치는 자신의 생각과 의견, 경험, 정보를 바탕으로 내 안의 무엇을 상대방이나 청중에게 전달하는 것이다. 비록 힘 있는 스피치와 목소리라고 하더라도 눈치 보고 확인받으려는 욕구가 깔려 있다면 스피치의 힘은 매우 연약한 상태라고 할 수 있다.

건강하게 의견을 구하고 나누는 '그치?', '어때?'는 꼭 필요하다. 다만 이것의 반복은 근본적으로 자기 존재나 노력에 대한 의심, 남에게 지적받을까 조마조마한 두려움, '별로라고 하면 어떡하지?'라는 반응에 대한 걱정과 불안으로 자존감이 결여된 상태이다.

변화를 위해서는 표현과 의식을 가지게 된 이유를 알아야 한다. 왜 스스로 확신하지 못하고 누군가의 반응에 심각하게 반응하고 연연하며 때론 노심초사하게 되는지 말이다. 당연히 인정받고 싶은 마음이 먼저일 것이며 성과를 내고 싶은 욕심이 앞서기 때문이다.

40대 중반의 한 여성은 상당한 스트레스를 받고 있었다. 30대 후반부터 강의를 시작했는데 강의 후 받는 강사 평가지부터 강의 중 뒤에서 듣고 있는 회사교육 담당자들, 청중들의 시선이 부담스럽고 적응이 되지 않는다는 것이다. 때론 좋은 결과에 만족하고 기뻐하지만, 근본적으로 불안의 마음이 바뀌지 않아 사람을 상대하지 않는 다른 직업으로 바꿔야 할지를 심각하게 고민 중이었다. 아니나 다를까 그녀는 대화를 하면서도 계속 말했다.

'선생님이 생각할 때는 어때요? 저 심각하죠? 그죠?'

'선생님도 강사 초반에 그런 적 있었어요? 선생님 같은 분은 그런 고민 안하시죠?'

남몰래 하는 고민이 스스로를 참 힘들게 했을 것이다. 나에게도 그런 고민이 있었고 겪었던 부분이라 충분히 이해가 되었다.

그녀는 3남매 중 둘째로 태어났는데, 위로는 언니, 밑으로는 남동생이 있었다 한다. 부모님 특히 어머니가 유독 첫째 언니를 챙겼고 첫째 언니는 명문대에 들어갔다. 그녀는 늘 뒷전이었고 자신에게 혼을 많이 냈던 아버지는 막내 남동생만을 챙겼다. 남동생에겐 부드러운 아버지가 원망스럽기까지 했다. 어떻게 해서든 인정받고 싶어 미친 듯 노력했지만, 50대를 바라보는 지금까지도 부모님은 변하지 않았다.

당신 스스로의 오기는 커지고 성격은 예민해졌다. 그 안에 인정받고 사랑받고 싶은 마음들이 왜곡되어 늘 확인받으려는 말을 사용하게 되었다. 스스로에 대한 의심과 자존감, 자신감 결여가 결국 원인이 된 것이다.

스스로를 믿는 연습이 필요하다. 자꾸 나의 모자람, 단점, 개선점을 파악해내는 성향과 대단하고 훌륭한 것을 내 앞에 두고 옳고 그름, 맞고 틀림, 잘나고 못남을 판단하며 '나는 잘나지 않았어.', '나는 아직도 멀었어.', '나는 분명 잘못된 게 있을 거야.'라고 생각하는 의식의 방식을 개선해야 한다. 말처럼 쉽지 않다. 힘들겠지만, 연습은 우리를 변화하게 만든다.

여기 책 한 권이 있고 책상 하나가 있다. 책상이 큰가? 당연히 책상이 클 것이다. 그럼 다시, 책이 큰가? 볼펜이 큰가? 보통은 책이 클 것이다. 그럼 책 하나만 들고 물어본다. 이 책은 큰가 작은가? 크기를 말하려면 일정한 기준이나 비교 대상을 두고 말해야 하는데 책 자체만 두고 봤을 때는 크지도 작지도 않고 그저 책일 뿐이다.

그녀는 항상 언니와 동생이라는 비교 평가의 대상이 있었기에 자신의 존재나 생각 그대로 받아들이지 못하고 있었던 것이다.

나는 크지도 않고 작지고 않다. 그저 나일뿐이다. 거기서부터 '그치? 어때?'의 불필요한 확인과 불안함의 개선이 시작된다.

백만 원짜리 수표와 만 원짜리 한 장 500원짜리 동전 하나가 있다. 이 중 가장 가치 있는 것은 무엇인가? 물건을 많이 살 수 있는 돈은 당연히 백만 원이다. 백만 원도 가치 있고 의미 있다.

다만 가치라는 것은 사람이 가지는 의미에 따라 달라질 수 있다. 힘들게 받은 용돈 500원, 땀 흘려 번 만 원 한 장의 가치를 어찌 금액으로 논할 수 있겠는가? 보편적 기준과 잘잘못의 프레임을 세워놓으면 자신의 생각과 삶에 늘 자신이 없다. 그런 사람이 일정한 기준 안에 들어가면 자만할 확률이 높다.

자신이 세운 계획이나 노력에 스스로 떳떳해지는 것이다. 실제로 공부나 실천이 모자라거나 성실히 행하지 않았다면, 이건 마음의 문제를 넘어 스스로 확신하지 못하는 명확한 이유가 된다. 스스로와 한 약속이더라도 삶에서 떳떳한 땀을 흘린 사람은 눈치 볼 이유가 없다. 그렇게 하는데도 눈치를 보고 확신하지 못한다면 처음부터 다시 이 책을 읽어라.

의도적으로 일상에서 '그치?', '어때?' 등의 말을 반복하거나 내가 기대하는 데로 반응하고 좋은 말을 해주길 원하는 습관을 떨치는 연습을 하는 것이다. 쉽게 말해 반응을 물어보고 확인하려는 태도를 의도적으로 참아보라는 것이다.

　내 노력과 땀이 들어간 확신이 있다면 선의의 고집도 부려보자. 고집이 소통과 삶에 방해가 된다고들 말하지만 사람에 따라 소신이란 이름으로 옳다는 생각이 든다면 자신 있게 주장할 필요가 있다. 거기서 발생하는 문제도 몸소 겪어 보자. 매번 날 싫어할까봐, 기회를 잃어버릴까봐 염려만 하지 말고, 마음의 힘을 가지고 받아들이고 배우자. 그런 배짱과 확신이 당신 목소리의 힘을 강하게 할 것이다.

　자꾸 확인받고 물어보려 하는 이유를 생각해 보자. 사람들의 의견에 동조하며 기뻐했다가 낙심하는 것이 반복된다면 스스로의 확신도 건강한 자존도 결여된 상태일 것이다. 비교 평가하는 습관부터 떨치고, 스스로 확신할 만큼 실천과 실행에 노력을 다하며 '그치?', '어때?' 등의 확인형 말투를 삼가하는 노력도 해보자.

중심과
진심이 있는
목소리의
균형

내게 좋은 목소리나 스피치가 무엇이냐고 묻는다면 단호히 말할 수 있다. 중심(中心)과 진심(眞心)이라는 두 가지의 마음이 함께하는 것이라고 말이다. 성우처럼 동굴 발성이 되고 꾀꼬리처럼 간드러진 목소리라면 듣는 이에게 청각의 청량감을 주며 명확한 전달력의 힘을 가진다. 그러나 인간의 목소리와 말하기의 힘은 그 안에 담긴 사람의 중심이자 말에 휘둘리지 않는 가치관과 철학, 진솔한 진심이 만났을 때 비로소 튼튼하고 듣기 좋은 소리가 되는 것이다.

중심이라는 말은 물건의 가운데를 말하며 일을 할 때 가장 중요한 부분이나 사람을 지칭하기도 한다. 중력의 중심, 물체의 각 부에 작용하는 중력이 총체적으로 작용하고 있다고 생각되는 지점을 말한다. 외줄타기를 하는 어름산이의 균형 잡힌 모습도, 얇은 막대 위에 접시를 돌리는 서커스 단원의 모습도, 중심의 지점을 인지하고 균형을 잡아 아슬아슬하고 위태위태한 모습 속에서 떨어지거나 쓰러지지 않는 것이다.

자기 삶에서 중심 있는 사람들은 무게중심을 가지고 살며 목소리와 말하기에 있어서도 자연스럽고 당연하게 묻어난다. 그들은 스피치의 무대에서 긴장하지도 않는다. 외부에서 들리는 말이나 다양한 상황들보다 내가 가진 중심의 힘이 마음의 밑바닥을 잡아주고 있기에 약간의 설렘과 가벼운 긴장은 있지만 쉽게 흔들리지 않는다.

몇 년 전 개척을 시작한 40대 후반의 목사님과 식사할 기회가 있었다. 개척교회는 재정적으로나 규모면에서 자립이 어려운 상태로, 규모가 작으며 막 시작한 교회를 말한다.

'목사님 이것저것 많이 힘드시겠습니다. 혹시 제가 도움 드릴게 있을까요?'

주제 넘는 질문인 듯 하지만 정말 순수하게 뭔가 도움이 될 수 있는 부분이 있을까 하는 마음에 여쭤 봤다.

'네, 그럼 저희 교회에서 사람들에게 스피치나 연극 수업을 해주세요.'

기다렸다는 듯이 답변하는 모습에 오히려 내가 당황을 했다.

'힘듭니다. 보시다시피 작은 상가에서 교인 10명 남짓 앉혀놓고 진행하는데 그 작은 인원들 중에서도 개인 사정이 생기거나 이런저런 이유로 안 나오기라도 하면 티가 팍팍 나요. 그래서 조마조마할 때도 있죠. 그럴 때마다 저는 기도합니다. 그리고 제 갈 길을 갈 뿐이지요. 오늘 오 강사님 같은 분이 오셔서 뭐 도와드릴게 없을까요? 물어보는데, 사실 속으로 놀랐습니다. 며칠 전 교회에서 교인들이 즐거워 할 만한 무엇인가를 해볼 수 있게 도와달라고 기도를 드렸거든요. 그래서 물어보셨을 때 기다렸다는 듯이 답을 드린 거죠.'

그리고 두 달간 교회에서 무료로 스피치와 연극 수업을 했다. 돈을 떠나 그렇게 수업을 할 수 있었던 것은 목사님의 중심 있고 진심어린 이야기와 목소리 때문이었다.

4년이 흐른 지금 목사님은 그때보다 큰 교회로 개척하고 많은 사람들이 함께하는 교회로 일구셨다. 말 못할 어려움과 힘듦이 있었겠지만, 마음의 중심을 지키고 소신을 가지며 살아가는 모습, 무게 잡지 않고 낮은 자세로 솔직하게 말하는 그분의 모습은 많은 사람들의 마음을 움직이게 할 수 있을 것이다.

자신의 삶에서 굳건히 믿고 웬만한 바람에는 흔들리지 않는 신념을 가지는 것은 중요하다. 또한 약해 보이거나 작아 보일까봐 일부러 강한 척하거나 어설프게 연기하는 시대의 카리스마는 더 이상 필요하지 않다. 자신의 중심을 잘 잡고 소탈한 모습으로 함께 하는 것, 그것이 중요하다.

① 삶에서 가장 소중하고 중요한 것은 무엇이며 이유는 무엇인가?

② 건강한 삶을 위한 나만의 원칙이나 규칙이 있다면 무엇인가?

③ 나는 사람들을 만나고 이야기 할 때 있는 그대로 말하는가? 누군가에게 잘난 척하기 위해 포장하거나 꾸미는 것을 좋아하는가?

④ 내가 옳다고 소중하다고 생각하는 것과 원칙과 소신을 바꾸면 물질적 소득이 있어도 그것을 바꾸지 않을 자신이 있는가?

내 이야기의
포스팅과
목록화

스피치를 한 번도 배워본 적 없는 사람들이 스피치를 잘하는 경우를 종종 본다. 그들 중에는 우리가 닮고 싶거나 말을 잘한다고 감탄하는 명강사나 명발표자들도 있다. 그들의 특징 중 하나는 바로 생각을 글로 정리하며 정기적으로 블로그 포스팅을 한다는 것이다.

　글을 쓴다는 것은 글을 쓸 주제 선정과 동시에 써 나가며 내 생각과 마음을 정리할 수 있게 해준다. 내 생각과 이야기가 정리되어 있으면 언제 어디서든 준비된 내용을 이야기하면 된다.

　주제 선정은 내가 하는 일, 관심사, 전공 분야 때론 일기 형식의 에세이가 되어도 좋다. 또한 공개형으로 오픈해도 좋고 나만 볼 수 있게 관리해도 좋다. 블로그도 좋고 글을 공유하는 웹페이지도 좋으며 휴대폰 메모장을 사용해도 좋다.

⇨ 내가 빵을 만드는 사람이라면

○○○의 빵 만들기 배움 일지

① 밀가루 반죽의 종류와 반죽 방법
② 빵이란 이름의 어원과 역사

③ 내가 만든 첫 빵

④ 어렸을 적 가장 기억에 남는 빵

⑤ 우리 엄마가 가장 좋아했던 빵

⑥ 빵과 떡의 차이와 공통점

⇨ 한 요가 강사 지망생의 경우

나의 요가 배움 일지

① 첫 요가 수업에서 느낀 점

② 요가는 몸과 마음의 만남이다

③ 요가의 어원

④ 요가의 역사

⑤ 요가의 종류와 특징

⑥ 몸의 자세와 마음의 자세

그럼, 어떤 특정한 분야를 가진 사람만 정리가 가능할까? 아니다. 누구든 자신의 생각, 마음, 정보를 정리해 볼 수 있다.

한 취준생이자 자취생의 포스팅 목록을 정리해보면 다음과 같다. '나의 서울생활 자취기'라는 제목으로 정리하였다.

① 내 생의 첫 자취방을 구하다
② 내가 나를 챙긴다는 것
③ 혼밥과 친구가 되다
④ 술을 끊어야 하는데 외로움이 막는다
⑤ 첫 월급
⑥ 가족에 대한 마음

각 주제별 분량은 A4 반 장 정도도 좋고 한 장 이상이 되어도 좋다. 쓰다 보면 나만의 이야기들이 정리되며 그 정리된 생각과 내용은 스피치에서 매우 유용하게 사용된다.

내가 가장 잘 할 수 있는 말은 내 마음과 경험이 담긴 말이다. 이러한 글쓰기 포스팅 연습과 함께 쓴 내용을 녹음기로 실제로 읽고 말하면서 녹음해본다. 이러한 연습은 내 생각과 마음을 정리하고 말하기로 이어주는 매우 중요하고 일상적인 방법이다.

나는

①

②

③

④

⑤

⑥

⑦

나의
캐릭터는
무엇인가

어렸을 때 사람 흉내를 잘 냈다. 전문적으로 성대모사를 해서 그것이 업이 된 몇몇 개그맨에 비할 바는 아니지만 그 사람의 표정, 목소리, 느낌을 유심히 관찰하고 유사하게 흉내내는 것은 내가 잘 하는 몇 안 되는 재능 중 하나였다.

중·고등학교 시절 각 과목별 선생님들을 관찰해서 같은 반 친구들 앞에서 흉내내면 친구들은 배꼽을 잡고 웃었다. 대학에 가서는 선배들과 교수님을 흉내냈고, 군대 훈련소에서는 조교, 소대장, 중대장을 따라 해서 결국 수료식때 수백 명의 훈련병을 앞에서 흉내내기로 장기자랑까지 했다. 좀 우스운 일이지만 그 일로 훈련소를 퇴소하며 표창장까지 받았다. 아직도 아버지는 우수한 성적으로 훈련받아 받은 상장인줄 아신다.

사회생활을 하면서도 상대방의 기분이 상하지 않는 범위 내에서 사람들의 표정, 음성, 느낌을 흉내내면 사람들은 즐거워했다. 이때의 능력은 강사를 하면서는 꽤 유용하게 활용됐다.

그러던 어느 날, 나는 늘 누군가를 따라하는데 왜 한 번도 나를 따라 하는 사람은 본적이 없지? 본질적으로는 나는 어떤 색을 가진 사람이고 어떤 특징이 있는 사람이지? 연극이나 영화를 봐도 각각의 캐릭터(성격) 특유의 느낌이라는 게 있는데, '나는 어떤 캐릭터지?'라는 고민이 생겼다.

처음에는 특별하고 싶은 마음도 있었지만 특별하지 않더라도 나의 존재가 무엇인지에 대해 고민하기 시작한 것이다. 어쩌면 사춘기라 불리는 질풍노도의 시기는 10대를 지나 20대, 30대, 40대 심지어 그 이후에도 간간히 찾아오는 게 아닌가 싶다.

그렇게 고민하다보니 다른 사람들의 행동을 단순히 말투, 목소리, 표정으로만 관찰하는 단계를 넘어, 그 사람들의 행동 특징과 이유에 대해 조금씩 들여다보기 시작한 것이다. 그렇게 사람들을 관찰하다보면 선택을 시원하게 잘하는 사람, 우유부단한 사람, 대범한 사람, 소심한 사람, 잔머리를 잘 굴리지만 결국 큰 것을 놓지는 사람, 지금 당장은 손해 보는 듯 하지만 결국 사람의 마음을 사는 사람, 친절한 사람, 비호감, 겉으로는 차갑지만 속은 따뜻한 사람, 겉으로는 따뜻해 보이지만 속을 알 수 없는 사람 등 정말 수많은 사람들이 있다는 걸 알게 됐다.

자기 삶의 무대에서 매력적인 사람들은 특징이 있었다. 매력이란 말은 '사람을 사로잡아 끄는 힘'이라는 뜻을 가지고 있는데 그러한 힘은 스피치와 목소리에서도 중요한 역할을 한다.

그들은 추구함이 또렷하다. 얼핏 호불호가 강하다고도 볼 수도 있지만 호불호와 사람에 대한 배려가 동시에 존재한다. 자신의 추구함은 강하지만 다른 사람에게 강요하지 않는다.

더 쉽게 접근해보자. 자신이 좋아하는 것과 싫어하는 것에 대해 말하자면 스스로가 무엇을 원하고 무엇을 싫어하는지 잘 알고 있다. 내가 좋아하는 색, 나에게 어울리는 디자인과 의상, 갖고 싶은 차, 신

발, 액세서리, 좋아하는 음식, 나에게 힘이 되는 강의와 스타일, 책, 사람의 유형, 집중할 수 있는 환경, 힘들 때 다시 힘을 내는 방법, 충전, 휴식의 방법까지 말이다.

물론 모르는 것이 있고, 명확하게 이유를 설명하지 못하는 부분도 있을 것이다. 하지만 대부분 자신이 선택하는 요소들에 명확한 추구함이 있고 이유가 있는 것이다. 그 이유로 자신의 캐릭터를 만든다. 유전적으로 받고 환경의 영향으로 생성된 나의 모습이 있다. 그런 나의 모습에 내가 추구하는 것이 만났을 때 비로소 그 사람 고유의 캐릭터와 힘이 생긴다.

나 역시 누군가를 잘 따라하고 유쾌한 사람이지만, 다른 사람의 시선에 연연했을 뿐 나의 추구함이나 원함은 명확하지 않았다. 그래서 마음먹고 행동으로 옮겨보기로 했다. 내가 진짜 좋아하는 것들을 찾아보기로 했다.

부산 출신이라서 그런지 해산물을 많이 사용하는 일식을 유독 좋아한다. 세미 정장이 잘 어울리고 청바지와 재킷 안에는 가벼운 티셔츠가 어울리며, 주로 푸른 계열, 남색 계열이 잘 받는다. 헤어스타일은 윗머리는 펌을 하고 옆머리는 누르는 다운 펌으로 깔끔하게 정리하는 것이 어울린다. 속옷은 드로즈 스타일을, 다른 사람의 강의를 들을 때는 조용하고 담백하게 말하는 스피치 스타일을 선호한다. 주중에 한두 번은 혼자 조용히 산책하고, 기도나 명상하는 시간을 간간히 가지지 않으면 호흡이 들떠서 스스로도 힘들어 한다. 2주에 한번은 친한 친구와 함께 해산물에 사케나 희석식 소주를 가볍게 즐기는 것이 삶의 소소한 재미다.

여전히 나에 대해 모르는 것이 있다. 그래서 스스로에 대해 더 궁금한 것이 있지만, 지금처럼 천천히 돌아보고 알아보려 노력한 결과 나라는 존재에 대해 무엇을 좋아하고 무엇을 싫어하는지를 알게 되었다. 술에 물탄 듯 물에 술탄 듯 유야무야 흘러버리는 것이 아닌 삶 속의 크고 작은 방식을 정립시키고 일정 부분 루틴이 생긴 것이다. 가끔은 그 루틴을 깨고 일탈을 하기도 하지만 나의 방식을 인정하고 노력하고 있다.

'삶은 공연이며 우리는 그 일상과 직업의 무대를 살아가는 배우이다.'라는 교육 철학도 세웠다.

스스로를 궁금해 하고 알려고 노력하자. 나라는 사람이 무엇을 원하고 어떻게 살고 싶고 지금, 무엇을, 왜, 하고 있는지 궁금하지 않다면 그런 고상한 고민은 사치에 불과하다. 이 궁금증과 노력은 당신의 권리이다. 결코 지나치라 마라.

내 가슴이 뛰는 지점이 무엇인지 어디인지 계속해서 탐색해 보자. 이거다 싶은 무엇이 나타나면 거기에 시간도 마음도 돈을 들여서라도 경험해 보자. 삶은 직접 부딪히지 않으면 결코 알 수 없는 것들이 있다.

이정표를 제공받았다면 핸들을 잡고 기름도 넣고 헤매더라도 직접 차를 몰아봐야 한다. 언제까지 누군가 운전해 주는 차를 탈 것인가? 나를 알고 때론 힘에 부치더라도 나를 제대로 알아야 '나'라는 사람이 가고 있는 고유의 목소리와 말의 힘이 생기는 것이다.

나는 어떤 캐릭터를 가진 사람인가? 내가 원하고 추구하는 것은 무엇이며 소망하는 것은 무엇인가? 다음의 체크 포인트로 자신을 돌아보자. 새로운 질문들을 스스로 추가해가며 자신을 알아보자.

- ☐ 나를 네 글자로 표현한다면? (사자성어나 혹은 자유로운 말 만들기)
- ☐ 나를 무엇인가에 비유한다면? 이유는? (동물, 사물, 자연, 계절 등)
- ☐ 가장 좋아하는 색과 이유는?
- ☐ 가장 싫어하는 것과 이유는?
- ☐ 가장 선호하는 음식과 꺼려하는 음식은?
- ☐ 마음에 품고 사는 글귀나 문장이 있다면?
- ☐ 내가 하는 일의 가치관이나 원칙은?
- ☐ 꼭 지키는 루틴이 있다면? 그 루틴이 형성된 이유는?
- ☐ 스스로 개선하고 싶은 게 있다면?
- ☐ 내 말하기, 표현, 스피치의 특징이 있다면? 그 특징의 장점과 단점은?
- ☐ 닮고 싶은 롤모델이 있다면? 없으면 이유는?
- ☐ 삶에서 꼭 이루고 싶은 3가지가 있다면?

나에게
쓰는 편지

태어나서 처음 일기를 썼던 건 초등학교 2학년 때 즈음이었던 것으로 기억한다. 어떤 내용인지 정확히 기억나지는 않아도 그때 당시 방학숙제로 억지스럽게 썼던 기억만큼은 확실하다. 그것도 방학이 끝날 무렵 거의 며칠 분량을 한 번에 썼던 기억이다. 아마 그 이후로도 일기라는 것을 제대로 써본 적은 없었다.

중학교 즈음 나와의 대화를 위한 나만의 방법이 있었다. 당시 '서태지'와 '신해철'을 좋아했던 나는 그들의 음악을 한 곡도 빠짐없이 듣고 외웠다. 호불호가 있었지만 나름의 시대적 비판과 철학적 메시지, 트렌드라는 여러 요소들이 맞물려 나를 열광케 하며 나의 스트레스 해소의 원천이 됐다.

중요한 건 음악의 '음'자도 잘 모르고 리코더도 제대로 못 부는 나였지만 시를 쓰고 작사하는 재미만큼은 일찌감치 깨우쳤던 것이다. 물론 정식으로 시를 배운 적도 작사를 배운 적은 없었지만 학교를 마치고 집에 가면 부모님이 오시기 전까지 그날의 생각과 마음, 가끔은 친한 친구들에게도 말 할 수 없었던 마음을, 어설픈 글짓기 실력으로 노래가사를 쓰듯 적었다.

아직 그때의 노트들을 가지고 있는데 지금 읽어보면 민망하고 부끄럽다. 하지만 어설픈 작사 노트들은 당시의 내 마음과의 대화이자 분노표출 같은 것이었다. 그 안에는 '친구에 대한 질투, 키가 더 크고 싶은 소망, 엄마아빠가 빨리 집에 왔으면 좋겠다는 마음, 그 여학생이 나를 좋아했으면 좋겠다는 바람, 그 선생님 내일 아파서 안 나왔으면 좋겠다, 이 사회가 정신을 좀 차렸으면 좋겠다.'는 내용까지 유치하지만 순수함이 느껴졌다. 그러다 본격적으로 스스로에게 말을 걸고 편지를 적었던 건 신해철이란 가수의 〈나에게 쓰는 편지〉라는 노래를 만나면서였다.

그때부터 가끔 스스로의 마음에 힘을 주고 싶을 땐 누군가의 조언도 좋지만 스스로에게 편지를 쓰곤 했다. 어색하고 청승스럽기도 하지만, 스스로에게 말을 걸고 또 잘하고 있다고 응원하고 위로하지 못한다면, 결국 나도 다른 사람에게 위로와 칭찬이 어려울 수 있다고 생각했기에 편지를 쓰기 시작한 것이다. 편지의 방식은 글도 좋고 음성 녹음도 좋다. 자기 전 휴대폰 메모장을 활용해도 좋다. 길지 않아도 좋고 한 두 줄도 좋다. 자신의 목소리를 찾고 가장 진정성 있게 자기다움을 말 할 수 있는 소중한 시간이 될 것이다. 좋은 목소리와 말하기의 시작을 위해 나에게 편지를 써보자.

나의 하루 또는 최근의 마음을 돌아보되, 마땅히 했어야 할 일을 못했다고 자책하지 않아도 좋다. 그러지 못한 것도 나로서는 최선이었다. 아쉬움과 후회가 있을 수 있지만 당신이 잘못한 내용을 부정적으로 나열할 필요는 없다. 반성문이 아닌 나에게 쓰는 위로이자 응원의 편지니까 솔직하고 담백해지자. 수년이 지나고 다시 봐도 후회하지 않도록 써보자. 사소한 것이라도 고맙고 감사한 것들을 놓치지 말고 꼭 챙겨두자.

받는이 나

....

....

....

....

....

....

....

....

....

....

....

....

....

20 . . .

내가 나에게,

이제 삶의 무대와
스피치 무대에 당당히 오르자

여기까지 읽은 당신은 정말 대단하다. 어떤 이유로 여기까지 읽었는지 모르겠지만, 당신은 스피치 무대에서 당당해지고 싶거나 목소리나 표현의 변화를 원하거나 아니면 무언가 흥미로운 것을 느끼고 여기까지 읽어왔을 것이다. 그런 과정의 시간을 보낸 자체만으로도 이미 대단하다.

'그래서 변했어?', '그래서 결국 원하는 것을 얻었어?', '성과는 뭔데?'라고 묻는다. 결과 중심을 비난하거나 부정하는 것은 아니다. 이책으로 당신이 실질적 변화를 이끄는 데 도움이 되길 바란다. 다만 변화를 위한 노력 자체, 그런 고민과 과정의 도중에 있는 당신도 이미잘하고 있다. 당나귀 눈 앞에 당근 하나를 걸어놓고 그것을 먹으려 도끼눈을 뜨고 당근만을 바라보며 그저 걷고 또 걷기만 한다면 걷는 동안 수고한 당나귀의 다리는 누가 위로해줄 것인가? 그리고 그 동안의 성과들은 아니더라도 등 뒤에 이미 실려 있는 다른 수고의 결과물에 누가 박수를 보낼 것인가?

사실 어제도 이런저런 고민을 했고 오늘도 고민하고 있으며 내일도, 그 다음날도 고민하며 살지 모른다. 다른 사람들에게 상담하고 강의하고 수업하는 직업이지만, 나 역시 불안하고 고민하고 욕심이 생기며 사람들과 잘 지내려 노력한다. 하지만 다투고 서운하고 토라지고 가끔은 관계를 정리한 적도 있었다. 그럴 때마다 내 말과 삶 사이에 괴리감이 생기는 것 같아 괴롭고 힘들기도 하다. 말만 번지르르 할까 두렵기도 했다. 반드시 내 마음처럼 되어야 하고, 계획대로 되어야 한다는 강력한 틀에 넣으면 숨이 막힌다.

'잘못한 것이 잘못된 것이 아니라, 잘못한 걸 알면서 다시 반복하는 것이 진짜 잘못이다.'라는 말처럼 실수나 미흡함의 이유를 돌아보고 다시 실수를 반복하지 않으려 노력하는 것이 필요하다. 좋은 스피치와 목소리, 표정, 눈빛 역시 여유와 마음의 돌아봄을 통해 시작된다.

너그러움과 스스로에 대한 공간을 확보한 사람은 목소리에도 무대에서도 공간이 생긴다. 그 공간이 곧 여유이다. 실제 스피치 무대에서도, 삶과 직업, 인간관계라는 무대에서도 그 여유는 대단한 역할을 한다. 여유가 없는 목소리, 공간이 없는 마음, 배려가 없는 눈빛, 자기 욕심만 가득한 스피치는 순간의 도구로 활용되는데 그칠 뿐 사람과의 진짜 좋은 연결과 소통을 낳지 못한다.

우리는 열심히 살아왔다. 사람들을 만나고 일을 하고 이런저런 삶을 살아가며 웃고 울고 화내고 슬퍼하며 살아왔다. 연극이나 뮤지컬 무대에 서는 배우는 아니지만 각자의 일상, 직업의 무대에서 배우 못지않은 배역을 맡으며 살아왔다. 원해서 때론 원치 않지만 배역에 충실하며 버티고 살아오기도 했다.

엄마, 딸, 아빠, 아들, 대표, 부장, 과장, 실장, 사원, 아르바이트생, 선생, 학생, 친구, 선배, 후배, 언니, 형, 동생 등등 생각해보면 한 가지의 배역이 아닌 상황과 관계에 따라 여러 가지 배역을 맡으며 시간을 살아왔다.

중요한 것은 또 살아가야 한다는 것이다. 잘 하고 있는지, 잘 살고 있는지, 이게 진짜 내 모습인지 내가 하고 싶은 것이 맞는지 고민하며 우리는 삶의 무대를 살아간다. 그 삶의 가운데서 나의 건강한 자존감을 찾는 것은 정말 중요한 일이다. 자신감과 당당함은 지하철이나 번화가, 한복판에서 소리 내며 스피치를 연습한다고 좋아지는 게 아니다. 내면의 자존감 회복에서 진정한 당당함이 시작된다. 그 뿌리가 잘 내려진 상태는 다양한 스피치에서 힘을 가지게 된다. 나는 처음부터 그것을 얘기하고 싶었다.

배우를 꿈꾸던 10대와 20대를 살고, 27살이 되던 해 생계를 위해 처음 연기 강사를 시작했다. 그 사이 연극배우를 하고 강사를 병행하다 전업 강사로 여기까지 걷고 기고 뛰며 왔다. 한때 후회하고 때론 심각하게 낙심하기는 했지만 이 길의 선택을 후회한 적은 없다. 수년이 지난 후에 안부전화를 걸어주는 수강생들의 목소리에서 힘을 얻었다.

당시에는 힘들었지만 버티며 뒤늦게 알게 된 작은 깨달음들이 그때를 살게 했던 이유였고 지금을 살게 하는 힘이 되었다. 힘든 만큼 힘이 생기는 것이었고, 모자란 것은 채울 수 있는 가능성을 만나는 선물이었다.

처음으로 책을 집필하며 설렘과 기대, 막연함과 혼돈도 있었지만 그간의 시간들을 글로 담아보니 감회가 새롭다. 사람들은 강사로 더 유명해지려고, 운영하는 아카데미 홍보를 위해 책을 쓰는 것이 아닌가 의심의 눈초리도 보냈지만, 나는 스스로에게 당당히 말할 수 있다. 그간의 만남과 배움의 시간들을 담고 싶은 마음이 그 시작이었음을 말이다.

나는 내일도 또 다시 사람들은 만나고 무대에 선다. 청중을 파악하고 내용을 준비하고 연습하고 리허설하며 다시 준비한다. 그리고 세상 하나 밖에 없는 '나'로서 그 무대에 첫 발을 내딛을 것이다. 우리 모두의 무대 그 소중한 공간 위에 우리 모두 당당하고 건강하게 발을 내딛자.

시계를 사러 갔다가 시계도 구입하고 시간의 의미에 대해서도 알아보는 시간이 되듯 스피치의 실력도 그 속의 말과 목소리, 좋은 표현력의 의미도 알아보는 시간이 되었길 소망한다. 필요한 부분들은 다시 읽어보며 실습하고 노력하길 바란다. 무엇보다 중요한 것은 노력을 하는 '나', 이미 대단하고 소중한 '나'를 위하는 것이다.

배우들도 배우는

특별한
스피치 수업

펴낸날   초판 1쇄 2019년 9월 5일
            2쇄 2020년 6월 26일

지은이   오창균

펴낸이   강진수
편집팀   김은숙, 백은비
디자인   임수현

인 쇄   삼립인쇄㈜

펴낸곳   (주)북스고 | **출판등록**   제2017-000136호 2017년 11월 23일
주 소   서울시 중구 퇴계로 253 (충무로 5가) 삼오빌딩 705호
전 화   (02) 6403-0042 | **팩 스**   (02) 6499-1053

ⓒ 오창균, 2019

ISBN   979-11-89612-35-1   03320

이 도서의 국립중앙도서관 출판예정도서목록(CIP)은 서지정보유통지원시스템 홈페이지(http://seoji.nl.go.kr)와
국가자료종합목록시스템(http://kolis-net.nl.go.kr)에서 이용하실 수 있습니다. (CIP제어번호 : CIP2019033787)

책 출간을 원하시는 분은 이메일 booksgo@naver.com로 간단한 개요와 취지, 연락처 등을 보내주세요.

Booksgo 는 건강하고 행복한 삶을 위한 가치 있는 콘텐츠를 만듭니다.